英文法は
役に立つ!
英語をもっと深く知りたい人のために

古田直肇

春風社

はしがき

　「英文法」というと、どのような言葉が頭に思い浮かぶでしょうか？
　多くの皆さんの頭の中に浮かんだ言葉は、「つまらない」とか「役に立たない」ではないでしょうか。
　しかし、それは誤解です。経験から実感をもって言えることですが、**英文法ほど、「面白くて役に立つ」ものはありません**。私は、英文法の魅力に引き込まれて、英語を専門に選びました。英文法を道具として、英語という言語を理解していくことには、新たな知の世界が啓けていくような感覚があり、そこには紛れもない知的快感がありました。英文法は、まことに「面白い」ものだったのです。その後、イギリスとアメリカの大学院に留学した際に、時に崩れ落ちそうになる私を支えてくれたのも英文法でした。また、現在に至るまで、私が英語を飯の種にして教壇に立っていられるのも、ひとえに英文法のおかげです。英文法は「役に立つ」のです。
　このように英文法は私にとっては大恩人と言ってもいい存在です。ところが、かくも恩深き英文法が世間では、どうも不当な扱いを受けているように思えます。まるで英文法こそが日本の英語教育のガンであるかのような言説まで見受けられるのです。これが私には不思議でなりません。「英文法は、つまらないし、役にも立たない」という世間にはびこっている誤解を解きたい。そう思って、この本を書きました。
　読者として想定しているのは、すでに高校や大学で英語の授業を受けて、英文法についても一通りのことは聞いたことがある英語学習者、あるいは英語教師の方々です。そうした人たちが、さらに一歩前に進んで、**自分の英語力を別次元に高めるために持っておくべき英文法の「核心」をぎっしり詰め込んだのが本書**です。
　執筆にあたっては、「忙しい人でもさっと読み通せる」ものにすることに気をつけました。基礎的な事項を扱った英文法書は、便利なものがすでに世の中にたくさんありますが、上級者向けの英文法書は、どれも専門的かつ大部のものがほとんどです。忙しい社会人や英語教師が、合間をぬって読書の時間を見つけたとしても、とても通読など望めないものばかりです。また、英文法をテーマにして書かれた学術論文も数限り

なくありますが、一般の方は、なかなか読む機会はないと思います。この本は、そうした**専門書や論文のエッセンスをわかりやすい形で届ける**ことを目的にしています。

　本書では、英文法の知識のうちで、本当に大事な「核心」に限って説明しています。上級者向けの英文法書の中には、英文法と名乗っておきながら、その実、語法に関する雑学的な知識（ある言い回しとある言い回しの微妙なニュアンスの差など）を漫然と詰め込んだものも見受けられます。しかし、英文法と語法を取り違えてはいけません。語法は、単語の使い方に関するルールですから、単語の数だけ存在し、事実上、無限です。

　一方、英文法、特に学習者が必要としている**規範英文法の知識は、実は極めて限られたもの**です。英語を教える立場にある人間は、この英文法の中核の習得に努力を傾注すべきだと私は思っているので、トリビア的な知識は省きました。逆に言うと、**本書の中にある情報はすべて、英語という言語の本質を理解するのに必要な核心事項ばかり**なのです。読み終わったときには、読者の前には、今まで見えなかった新たな地平が拓かれていることでしょう。

　そして、**本書のもう一つの目的は、英文法の奥深い世界へと読者を誘うこと**です。英文法の世界は、海のように広く深いものなのに、多くの人が、浅瀬で水遊びをする程度で終わっているのは、まことに残念なことです。知れば知るほど面白いし役に立つ。それが英文法です。そこで、各章の最後に文献案内を設けました。各章を読んで面白いと思った人は、私が参考にした種本や種論文をぜひ自分の目で確かめてみてください。本文中にも、（古田 2013）などのようにして、著者と出版年を示すことによって、なるべく典拠を示すようにしました。これは、もちろん剽窃を避けるためのものですが、同時に志高き読者には、こうした典拠を自分の目で確かめてほしいからです。もし気になる記述やさらに調べたい項目があったら、巻末の参考文献表で確かめて自分でも読んでみてください。

　私は、あくまでも船頭に過ぎません。私にできるのは、読者の皆さん

を船に乗せて、海へと連れて行くこと、そして海で泳ぐコツを伝えることです。プールで泳いだことしかない人に、海で泳ぐ楽しさを知ってほしい。それが私の願いです。こんな便利な道具があって、こんな単純なコツを知ると、海で泳ぐのが楽しくなる。もし本書を通して、読者の皆さんが自分の力で参考書や論文を読み、自分が知りたいことについて自ら知識を深めていくことになれば（これを英語教育の世界では「自律的学習者」と呼びます）、本書は十分にその目的を達成したと言えるでしょう。

　それでは、英文法の魅力を探る旅へと皆さんをご案内しましょう！

目次

はしがき 1

01章 英文法の魅力について 7
　コラム① ノンネイティブ・チェック 31

02章 品詞の話①（有標・無標） 33
　コラム② ミニスカートと日本神道 44

03章 品詞の話②（名詞構文） 47
　コラム③ contrastive rhetoric 64

04章 文型の話 67
　コラム④ 受験英語礼賛 83

05章 助動詞の話 85
　コラム⑤ 日本語という貴重な財産 100

06章 時制と法の話 103
　コラム⑥ 英語史の効能その1 119

07章 │ 相の話　121
　　　コラム⑦　英語史の効能その2　142

08章 │ 態の話　145
　　　コラム⑧　言語相対説　156

09章 │ 相当語句（句と節）の話　159
　　　コラム⑨　関係詞の制限用法・非制限用法　173

10章 │ 話法の話　175
　　　コラム⑩　日和見主義の勧め　184

付説 │ 日本の英語教育に思うこと　187
　　　〜君は全体主義を望むのか〜

あとがき　205

参考文献　209

01章　英文法の魅力について

◆英文法は「魔法」

　落語では、噺に入る前に「枕」というものがあります。たとえば、『紺屋高尾』という噺。これは、紺屋の職人と吉原の花魁の最高位にいた高尾太夫の間の馴れ初めを描いた噺です（昔、立川談志師匠が深夜放送の『落語のピン』で演じた『紺屋高尾』が絶品でした）が、この噺をする前に、落語家は吉原の花魁についての小噺をしたりするわけです。私は、英語と同じくらい落語も好きなので、ここでも本題の英文法レクチャーに入る前に、英文法の魅力についての小噺を「枕」に振りたいと思います。小噺というには、ちょっと長いかもしれませんが、しばしのお付き合いをお願いします。

　そもそも、「魅力」を意味する glamour という単語は、grammar の異形です（rとlの音を混同するのは、日本人だけではありません）。元は「魔法」という意味でしたが、そこから「(魔法を思わせるような) 妖しい魅力」という意味を派生させたのです。また、grammar の別の異形である gramarye という単語も、「魔法」という意味を持っていました。こうした語源が示すのは、昔の人々は、**文法というものは、魔法のようなもので、妖しい魅力を持つもの**だと考えていたということです。そして、これは、本当のことなのです。この章では、英文法という魔法を知ると、どのような実益があるのか、確かめておきたいと思います。

　同時に、**規範英文法（prescriptive grammar）** と **記述英文法（descriptive grammar）** の違いや、**使用域（register）** といった重要概念についても説明します。「規範英文法」「記述英文法」「使用域」といった用語は、英語力を別の次元に高めるためには必要不可欠な視点を提供してくれるものです。本書を通じて登場してきますので、しっかり理解しておいてください。

◆英文法の魅力

　さて、端的に結論から言ってしまいましょう。
　英文法の魅力とは、どのようなものか？
　それは、**英文法をマスターすると、正式な書き言葉（formal written**

English) という分野では、ノンネイティブ (non-native speakers of English) がネイティブ (native speakers of English) に打ち勝つこと**ができる**ということです。これが英文法という魔法の最大の魅力であり、威力です。私は、イギリス・アメリカの大学院に留学した際に、このことを我が身で体験したので、確信をもって断言できます。

ただし、ここで私が英文法という言葉で指しているものは、規範英文法と呼ばれるものです。英文法といっても、実は大きくわけて二種類あります。一つは、**規範英文法**。もう一つは、**記述英文法**と呼ばれるものです。私が英語学習者に習得をお勧めしたいのは、記述英文法ではなく、規範英文法の方です。なぜなら、**規範英文法の方が習得に向いており、かつ実際の役に立つ**ものだからです。

そこで、まずは、この二つの違いを確認しておきましょう。

◆規範英文法と記述英文法の違い

規範英文法というのは、その名の通り、英語に対して規範を定めるものです。英語はこうあるべきだという姿 (what the English language *should* be) を具体的なルールとして指し示すものです。英語はこのように使用するべきだ、こういった形が正しい。反対に、このように使うのは好ましくない。そういう判断を下すわけです。

これに対して、**記述英文法**は、英語という言語のありのままの姿 (what the English language *is*) を記述することを目的としたものです。英語が実際に英語話者によって、どのように使われているのか。この事実の探究だけに関心があり、どの形が良い・悪いといった価値判断は行いません。この立場からは、いかなる形も、もし実際に使われているのであれば、「良い」も「悪い」もなく、同等なものとして扱われます。

この二つは、同じ文法と言いながら、その起源も目的も大きく異なるものです。英文法の歴史を眺めてみると、そこには「**適切に英語を話し書くための技術** (the art of speaking and writing English properly)」としての英文法と、「**言語の科学** (the science of language)」としての**英文法**の二種類があることがわかります (Eto 1997; 林 1978)。前者が

規範英文法、後者が記述英文法です。

　規範英文法は、別名「伝統文法」とも呼ばれます。ラテン語文法を下敷きにして、18世紀後半にラウス（Robert Lowth, 1710-1787）やマレー（Lindley Murray, 1745-1826）といった人たちの手によって完成しました。ラウスもマレーも、英文法の定義は「適切に英語を話し書くための技術」としています。ラウスは、自らの学問的・社会的権威を背景に、理屈にかなったルールを「規範」として定めました。さらにマレーは法律家としてのバランス感覚を活かして理屈と慣習のバランスを絶妙に取って、適切に英語を使うために従うべきルールを完成させました。当時の英国人は、自分たちの言語の「規範」が定まっていないことを嘆き、どのように英語を使えば人に嗤われずにすむか（さらには中流階級以上に立身出世できるか）を明確に規定してほしがっていましたから、規範英文法こそ、まさに当時の大衆のニーズに応えた英文法でした（渡部 1988, 2003）。

　これに対して、記述英文法が本格的に発達したのは、19世紀以降です。「科学」としての英文法という概念自体は、それ以前にも垣間見られますが、広く実践されてはいませんでした。記述英文法は、「科学」として英文法を研究しようというものですから、勝手に英語の「あるべき姿」を規定して押し付けたりはしません。英語という言語の実際の姿をあるがままに明らかにしようという自然科学的な衝動に基づいたものです。最初は、歴史的・比較的な方法を取りました。つまり、古英語や中英語といった昔の英語と比べたり、あるいはドイツ語など親戚に当たる言語と比べることで、現代英語の現象を解明しようとしたのです。その後、20世紀になって、構造言語学や生成文法論、さらには認知言語学やコーパス言語学など、様々な方法論が実践されてきましたが、いずれも「科学」的な手法であることに変わりはありません。「科学」の仕事は、価値判断を下すことではなく、事実の探究です。あくまでも可能な限り精密に英語という言語の姿を記述することが、その目的となります。

◆規範英文法か記述英文法か

ここで、私たちは、ある問いに直面します。

いったい、どちらの英文法を私たちは勉強すべきなのでしょうか？

20世紀以降、私たちは自然科学信仰に憑かれています。なんでも自然科学的なアプローチの方が優れたものだという思い込みがあるのではないでしょうか。現代の大学でも、理系の方々の一部には、文系の学問、特に人文系の学問の古風な手法と目的を時代遅れなものとして軽侮する傾向が見受けられます。事実、記述英文法の発達後は、科学的な記述英文法の方が「優れた」あるいは「高級な」英文法であり、規範英文法は、勝手な規則を英語に押し付ける人工物として、一段低く見られることも珍しくありません。

しかし、この二つは、目的が違うのです。どちらの方が高級かという問いはナンセンスでしょう。単に目的に応じて、使い分ければいいだけです。

もし読者の皆さんが英語という言語を科学的に説明するために英文法を学ぶのであれば、「科学」としての英文法、すなわち記述英文法を学ぶべきでしょう。

しかし、ほとんどの英語学習者は、別に英語学者になることを目指しているわけではありません。単に英語を使いたいだけです。その人たちが必要としているのは、「適切に英語を話し書くための技術」でしょう。このように英語を使うと、英語を使う文化圏で賞賛をもって受け入れられる。そういう規則を教えてくれるのは、規範英文法です。要は、**一般的な英語学習者にとって「役に立つ」のは、規範英文法**なのです。

私が規範英文法をお勧めするもう一つの理由は、**規範英文法が極めて限られた知識体系**だからです。先ほど、規範英文法は18世紀後半に「完成」したと述べましたが、事実上、完成していると言って差し支えないと思います。何しろ、科学的であることを欲したものではありませんから、枠はすでに決められており、それ以上増えないのです。それゆえに、まことに学習に適したものといえます。本書でも、次章以降で扱っていきますが、品詞と文型、句と節（相当語句）、時制と相、法、態といっ

た勘所さえ押さえれば、あとは枝葉末節です。

　「はしがき」でも触れましたが、語法と文法を取り違えてはいけません。語法は、単語の数だけあるので無限に存在しますが、文法、特に規範英文法の中核を成す知識は、極めて限られたものなのです。

　いわゆる「標準英語（standard English）」を使うために必要な英文法の核心は、実は意外なほど限られている。このことを覚えておくと、英語学習者は励みになると思います。なぜなら、**規範英文法は、限定的であるがゆえに、マスターも可能**だからです。世界を見渡してみれば、規範英文法をマスターして、ネイティブスピーカー以上に、そのルールを使いこなして、見事な英語論文を書いているノンネイティブは決して珍しくありません。

　一方の記述英文法は、科学的であることを目指すために、記述量は際限なく増えていきます。完成ということは、原理上ありえません。特に近年はコーパスという新たな道具のおかげで、記述英文法は飛躍的な進化を遂げました。より正確に、より精密に、英語という言語の姿が記述されるようになりました。これは科学的な学問としては慶賀すべきことですが、学習者にしてみれば、あまりありがたいことではありません。際限ないルールを覚えられる人は、どこにもいないからです。

　ピンカー（Steven Pinker）という有名な言語学者は、その著書『言語を生みだす本能（*The Language Instinct*）』で規範英文法を人工的に作られた不自然なものだと批判しています（Pinker 1994）。

　しかし、**まさに人工的であるがゆえに、規範英文法は、学習に適したものとなっている**のです。重ねて言いますが、無制限な記述英文法と違って、**規範英文法は限定的な知識体系であり、常人が常識的な時間と努力で学習することができます。だからこそ、学校で教えられるのに適している**ともいえます（規範英文法のもう一つの別名は「学校文法」です）。

　確かに、規範英文法は、18世紀末に人の手によって作り上げられたものです。今となっては、特に話し言葉に関しては、現実の英語使用に即していない「非科学的な」面があることは事実です。

　しかし、そんな理由で自称「科学者」の尻馬にのって規範英文法を否

定しても何も得るところはありません。むしろ、「役に立つ」ものとして、規範英文法の限られた知識をマスターして、使いこなした方が賢明なのではないでしょうか。何しろ、後で示す通り、規範英文法に則って、立派な英文が書けることには、確かな実益があるのですから。「伝統」文法という名の指すとおり、そこには、ギリシャの古代から連綿と受け継がれてきた人類の英知が凝縮された形で結晶化しているのです。

　そして、**特に規範英文法の知識が有効なのが、正式な書き言葉という使用域**です。規範英文法を完成したマレーは、英文法を定義して、「適切に話し書くための技術」としましたが、私は、「**適切に書くための技術**」と定義しなおした方がより正確だと思います (Rühlemann 2008)。「話す」という行為は、規範英文法では扱いきれない面が大きいからです。話し言葉は、むしろ記述英文法の領域です。

　ここで、どうしても**使用域による差異**という現象を説明しなければなりません。**同じ英語と言いながらも、くだけた話し言葉と正式な書き言葉は別物**なのです。

◆使用域による差異について

　使用域（register）という言葉は、専門用語なので、あまり耳にしたことがないかもしれません。これは、同じ英語といっても、状況に応じて異なる英語を英語話者が使っている現象を指して使われる言葉です。これを理解してもらうために、まずは日本語の例で考えてみましょう。

　　A. ありがとうございます
　　B. ありがとう
　　C. ありがとー！
　　D. あざーす！

　上に挙げた日本語は、どれも辞書的な意味は変わりません。感謝の意を示すものであり、その点、違いはありません。しかし、それぞれの言葉は使われる使用域が違うのです。

Aの「ありがとうございます」は、たとえば学生が先生にお礼を言う場合や、あるいは、多少かしこまって手紙でお礼を述べるときには、ふさわしい言葉遣いでしょう。それに対して、友人同士で口頭やメールで感謝の念を伝えたいときには、「ありがとう」の方が「ありがとうございます」よりも普通です。しかし、学生が先生に「ありがとう」と言うのは明らかに不適切な用法です。さらに、CやDになると、これを教師に向かって使う学生はいないでしょうし、いたとしても、それはある種の反感をもって受け止められることが予想されます。しかし、恋人同士ならばCが普通でしょうし、Dもごくごく親しい先輩に食事をおごってもらった際に、後輩が言う台詞としては差し支えないでしょう。このように、私たちは、**同じ言語といいながらも、実は状況に応じて異なった変種（variety）を使い分けている**のです。

　言語の変種というと、つい**方言（dialect）**のことを考えてしまいがちですが、これは地域によって使う言葉が違うという現象です。言語の変種を考える際に、話者の出身地に加えて、もう一つ**使用域（register）**という視点もあることを知っておいてください。

　私たちが言語を使う状況には様々なものがあり、その様々な状況に応じて言葉は変化するのです。この差のことを**使用域による差異（register differences）**と呼びます。日本語にも英語にも標準とされる種類のものがあります。「標準英語（standard English）」などというと、いかにも統一されたもののように思えますが、実は使用域に応じて、かなり違うのです。

◆使用域を決める要素

　専門的には、使用域は三つの要素によって決まるといわれています（Schleppegrell 2004; Thornbury 2005）。一つ目は、談話の**場（field）**です。これは、どのような話題について、どのような出来事が進行しているのかというものです。たとえば天気について会話しているとか、政治について講義しているといった「場」が考えられます。

　二つ目は、表現の**媒体（mode）**です。すなわち、書き言葉か、話し

言葉かです。あるいは、書き言葉でも小説と論文は違う媒体ですし、話し言葉でも対面の会話と放送では異なります。

最後に、**対人関係（tenor）**です。話し手と聞き手の関係によって、使う言葉が異なってくることは、ごくごく自然なことです。上で述べたように、学生同士の会話と学生と教員間の会話では、要求される言葉遣いは違います。同じ学生同士でも同級生同士なのか、先輩・後輩なのか。さらには、同級生の友人といっても、どの程度親しいのかによって、使う言葉も違ってくることでしょう。

◆「正しさ」よりも「適切さ」

実は、日本語は、使用域による差異がことのほか大きい言語です。敬語一つ取ってみても、それは明らかです。「あの映画、見た？」と言う場合、「あの映画を見ましたか？」と言う場合、「あの映画をご覧になりましたか？」と言う場合、私たちは知らず知らずのうちに、状況に応じて日本語を使い分けています。誰かと友人関係あるいは恋人関係になったとき、いつ敬語をやめたらいいのか、迷ったことがある人も多いでしょう。それは、まさに使用域（この場合は、対人関係によって規定されるもの）に応じた言語変種の使い分けなのです。

英語でも同様の現象があることに、私たち英語学習者はもっと意識的になるべきでしょう。というのは、「この英語が正しい」だの「あの英語が間違っている」だのという話をよく耳にしますが、実はこうした判断は使用域に影響されるもので、絶対的なものではないからです。だから、最近では、ある英語に関して判断を下す際に、「**正しい（correct）**」という表現よりも「**(その状況では) 適切だ（appropriate）**」という表現の方が好まれます。

話し言葉では何の問題もない英語表現も、書き言葉では必ずしも適切ではありません。聞き覚えた英語を使用域を考慮せずに真似して使った結果、相手の感情を害してしまったという事例も見受けられます。往々にして、日常会話で仕入れた英語表現を書き言葉で使うのは危険が伴うので、お勧めできません。また、同じ会話ではあっても、友人同士なら

ば問題ない言葉遣いでも教師など目上の人に対してはふさわしくないかもしれません。

そういえば、私がかつて高校教師をやっていたころ、まるで友人に話すかのような言葉遣いで、時には絵文字をふんだんに使ってメールを送ってくる生徒もいましたが、これも使用域を穿き違えた事例といえます。

最近の学生とのやり取りを鑑みるに、英語について勉強する前に、日本語について使用域に応じた使い分けを習った方がいい人も増えてきたように思います。

◆書き言葉と話し言葉

使用域を規定する三要素（場、媒体、対人関係）をすでに紹介しましたが、もっと簡便な分類としては、以下のような二分法を試みることができます。まずは、**書き言葉**なのか**話し言葉**なのか。そして、さらに**正式な（formal）**ものなのか、それとも**非正式な（informal）**ものなのか。こういう風に考えると、以下の四つの使用域が考えられます。

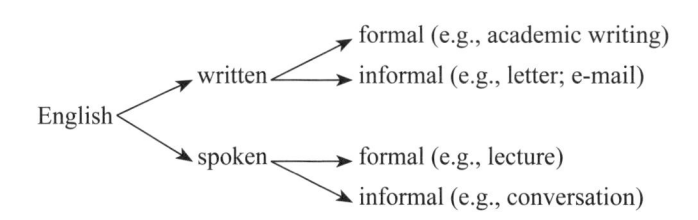

```
                    ┌─→ formal (e.g., academic writing)
          ┌─ written ┤
English ──┤          └─→ informal (e.g., letter; e-mail)
          │          ┌─→ formal (e.g., lecture)
          └─ spoken ─┤
                     └─→ informal (e.g., conversation)
```

たとえば、正式な書き言葉の代表例は、論文を代表とする論説体です。あるいは、法律文書や契約書、目上の人に書く手紙なども入るでしょう。ややくだけた書き言葉としては、友人への手紙やeメールがあります。特にeメールは書き言葉よりは、むしろ口語体に近いものです。話し言葉の中でも、講義で教師側は改まった言葉遣いを求められますが、日常会話はくだけた言葉遣いで差し支えないのが普通です。大雑把に言って、上記の分類では、上に行けば行くほど、より丁寧で改まった言葉遣いが

求められると言えます。相手が目上であれば、なおさらです。

　コーパスを利用して使用域による差異を綿密に明らかにした文法書に、*Longman Grammar of <u>Spoken and Written English</u>* (Biber, Johansson, Leech, Conrad & Finegan 1999) という大著がありますが、この題名は、まさに話し言葉と書き言葉は違うということを示しています。同じロングマンという出版社から、10 年ほど前にも包括的な文法書が出ていますが、こちらの題名は、*A Comprehensive Grammar of <u>the English Language</u>* (Quirk, Greenbaum, Leech & Svartvik 1985) です。それぞれの題名の下線を引いたところに注目してみて下さい。10 年経ってコーパス言語学が発達した結果、使用域による差異が明らかなものとなり、単なる「英語（the English language）」としていたものを「話し言葉と書き言葉の英語（spoken and written English）」と題名に明記するようになったのです。このように**同じ英文法といっても、書き言葉の文法と話し言葉の文法はかなり違う**のだということを私たちも覚えておくべきでしょう。

　ちなみに、*Longman Grammar of Spoken and Written English* では、話し言葉の使用域として**会話（conversation）**を、書き言葉の使用域として**小説（fiction）・新聞（news）・論説（academic prose）**を設定し、総計四つの使用域を区別しています。これはこれで有効な分類法なのですが、日本人英語学習者には、上記の四分類の方がわかりやすいし、便利で実践的だと思います。

　本書では、formal written English という領域と、informal spoken English という領域の差について詳しく説明したいと思っています。「書き言葉」と記したときは、注記のない限り、論説文などの正式な書き言葉のことを指すと思ってください。特にアカデミック・ライティングを念頭に置いています。「話し言葉」は、基本的に日常会話のことです。

　要は、**社会的状況に応じて言葉を使い分ける必要がある**、それだけの話です。**何が適切な言葉遣いなのかは、状況次第**なのです。友人に話すようにレポートを書いてはいけませんし、逆に学術論文のような調子で友人に話しかければ不審に思われてしまうでしょう。外国語として英語

を使っていると使用域による差異に鈍感になってしまいがちなので、意識的にならないといけません。

◆英米大学事情

　先にマスターすることを強く勧めた規範英文法ですが、この規範英文法が最も威力を発揮する使用域は、**正式な書き言葉（formal written English）**です。この使用域においては、規範英文法の支配力は今でもまったく揺らいでいません。たとえば、アメリカの大学でレポートを書くときには、アメリカ心理学会の出したAPAマニュアル（*Publication Manual of the American Psychological Association*）に従うのが普通ですが、このマニュアルの文法の項目に記載されているものは、驚くほど伝統的な規範英文法に則ったものです（江藤2004）。

　正式な書き言葉という領域は、移り変わる話し言葉と違って、意識的な規制が働きやすい場なので、保守的なのです。そこでは、18世紀末から現在の21世紀にいたるまで、規範英文法が変わらぬ支配力を行使しています。

　そして、これが最も顕著に見て取れる場は、アカデミア、すなわち大学です。読者の中には、英語圏の大学に留学を考えている人もいるかもしれませんので、ここでちょっと英語圏の大学事情を話しておきましょう。**こと書き言葉に関する限り、いかに英米のアカデミアが保守的か**ということは、事実として認識しておくべき事柄です。

　留学に際して、人はよく英会話の勉強を勧めます。たとえば、アメリカの大学であれば、ディスカッションや発表が求められます。そうしたことにきちんと参加して、自分の意見を言うことが成績にも影響するので、英会話の技術を磨いておくべきだといった類のアドバイスです。これはこれで筋の通った、まっとうな助言です。自分の意見を英語で発表できることは、アメリカの大学で生きていく上で欠かせないスキルの一つです。

　しかし、私は、自分の留学体験を振り返ると、むしろ規範英文法をしっかりマスターして、きちんとした英文でレポート（英語ではpaperと言

います）を書けるようになっていった方がいいのではないか、と思います。お遊びで行く語学留学ならばともかく、**学位を取得する正規留学の場合、文法的に正しく、文意明晰な英文でレポートが書けることは死活問題**です。なぜなら、最終的な成績は、基本的に書いたものに基づいて下されるからです。アメリカの大学では、シラバスに必ず成績の算定基準が明示されていますが、私の見てきた限りでは、すべての授業で、書いたレポートの割合が8割を超えていました。授業参加の占める割合は、せいぜい1割か2割といったところですから、どれだけ質問しても、どれだけ積極的にディスカッションに参加しても、直接的に成績に貢献することはありません。

　英語圏の大学には、ある種の「偏見」があることを留学志望者は知っておくべきです。そして、おそらくこの「偏見」が揺らぐことはありません。**アカデミアでは、書いたもので人間の知性は判断される**のです。文法的な間違いのない、立派な英文を書けるということは、知性の証明として扱われます。逆に、文法上の誤りの多い英文を書くということは、何らかの知性の欠陥を示すものとして扱われ、成績に否定的な影響を及ぼします。

　たとえば、私がアメリカで受けた授業のシラバスを見てみれば、そこにはレポートの評価基準として、しっかり grammar の項目があります。A を貰えるようなレポートというのは、以下のような基準を満たさなければならないのです。

　　The writer uses fluent prose with virtually no grammatical, spelling, or punctuation errors. Style reveals syntactic maturity, is clear and direct, and provides an excellent rhetorical example of academic writing.

　　書き手は、文法・スペリング・句読法上の間違いが実質ゼロに等しく、流暢な散文を駆使している。統語的に洗練された文体であり、簡潔明瞭で、アカデミック・ライティングの修辞法の素晴らしい事例となっている。

◆リベラル派の偽善

　留学生は、学位取得を目指すのであれば、**大学という場の保守性**をしっかりと頭に叩き込んで臨んだ方がいいと思います。というのも、ときにリベラルな大学人は、規範英文法だけが英文法ではないといった類の偽善を言うことがあるからです。

　私は留学生としてサンフランシスコに 2 年半滞在しました。サンフランシスコは、おそらくアメリカで一番リベラルな土地でしょう。教授の中にもリベラルな人間が多く、学説に対しても「政治的に正しい（politically correct）」かどうか、つまり不当な差別につながっていないかどうかが話題になることが多かったものです。こうした立場からは、規範英文法を基準に人間の知性を判断することも、裏付けのない「偏見」の一つとして位置づけられます。

　確かに、これはこれで筋が通っています。規範英文法の知識は、数ある知識体系の中の一つに過ぎません。それをもとに知性について評価を下すのは、「偏見」と呼ばれても致し方ない面があります。

　しかし、では、そういった「偏見」を指摘する大学人が、大学で規範英文法以外のルールに基づいた英文を受容するかといえば、彼らは決してそれを良しとはしません。私は、これは一種の偽善だと思うのですが、なぜか、こうした大学人の矛盾を批判する人はあまり見受けられません。

　リベラルな大学人は言います。規範英文法に則って書かれた英文も、そうではない文法に則って書かれた英文も、同等なのだと。言語学的には、これは正しいのですが、残念ながら現実には即していません。現実のアカデミアでは、規範英文法に従って書かれたレポートだけが許容され、賞賛されます。

　アメリカの学生の中には、この冷厳な現実をはき違えて苦労している人間もいました。移民の第二世代などは、ネイティブに近い流暢さで英語を話しますが、くだけた話し言葉（informal spoken English）と正式な書き言葉（formal written English）という使用域の差をわきまえないで、話すように書いてしまう人も多かったものです。私は、そうした人のレポートを添削する立場にいたこともあったので、たとえば、話し言

葉の like を多用してしまう、あるいは接続詞なしで文をつなげてしまうという事例をよく目にしました。彼らにしてみれば、意味は通じているのだから何が悪いということなのでしょう。事実、私が添削したら、そんな風に不平不満をぶつけてきた人もいました。しかし、この言い分はアカデミアでは確実に却下されます。

◆「耳」は寛容だが、「目」は非寛容
話し言葉と書き言葉は別物なのです。

前者は、非常に寛容な世界です。アメリカの大学には世界から様々な人種が訪れます。彼らがどのような訛りで英語を話そうと、あるいは、どのような文法ミスをしたとしても、話し言葉である限り、あまりそれに目くじらを立てる人はいません。私の日本語訛りの英語にも、殊更それを責め立てるような人間は少なくとも大学の中にはいませんでした。「耳」という器官は存外に寛容なものなのです。

しかし、「目」は違います。話すときに、三単現の s を抜かしても何の問題もありませんが、レポートを書くときに抜かしてはいけません。勢い余って、I can't speak no English「私、英語話せないの！ホントにゼロ！」などと、二重否定を否定の意味で使っても、話し言葉ならば OK でしょう。しかし、書き言葉ではダメなのです。

日本で英語教育を語る人の中には、「文法の間違いなんか気にすることはない」という人もいますが、それはあくまでも話し言葉の場合に限るということを注記するべきでしょう。もちろん、そう言っている人が念頭に置いているのは、英語を話すときのことなのでしょう。そして、話し言葉に関する限り、確かに、その助言は必ずしも的外れなものではありません。

しかし、それを聞いた学生の中に、書き言葉でも間違いを気にしなくてもよいと勘違いをしてしまう人がいるとしたら、その助言者の罪は軽くありません。**書き言葉では、文法上の間違いは決して見逃されることはないからです。**通じればよいというのは話し言葉の場合の話であり、書き言葉では、意味が通じるだけでは不十分で、文法ミスのない立派な

英文が求められるのです。**正式な書き言葉という使用域では、今も昔も規範英文法が唯一絶対のルール**と言って差し支えありません。

◆受験英語の価値

このように、大学においては、評価の対象となるものは書いたものであり、書いたものにおいては文法上の間違いは許容されず、間違いかどうかは、いわゆる規範英文法に基づいて判断が下されます。留学志望者は気合を入れて規範英文法を学習していくべきです。

18世紀から19世紀にかけて、イギリスで規範英文法が成立したとき、それは社会的に認められるための最も確実な手段だったとのことです（渡部 2003）。特に19世紀ヴィクトリア朝においては、規範英文法の影響力は大きく、それは有名な作家たちの作品にも顕著な影響が見られるほどのものでした（Nakayama 2015）。実は、この事情は現代でもさして変わっていません。**アカデミアで成員として認められるためには、今でも規範英文法の知識は必須**なのです。

これは別に達成不可能な難事業ではありません。単に受験のときに使用した参考書を引っ張り出して勉強し直せばいいのです。私は幸いにしてイギリスでは優等で（with distinction）修士号を取得し、アメリカでもすべての試験と提出物でAを取り、結果的にstraight A's（全優）で修士課程を修了しましたが、その**英語力の根幹を作ってくれたのは受験英語**です。私は、今でも当時の予備校の英語の先生と日本の受験参考書に深く感謝しています。徹頭徹尾、英語という言語の仕組みを論理的に教えてくれたからです。**日本で受験英語の参考書を一冊きっちり仕上げていけば、英語圏の大学で十分以上の見返りがある**ということは、もっと強調されてもいいと思います（なぜか、この手のアドバイスを留学セミナーで聞くことはありませんが）。

受験英語というと、「使えない」英語として悪評高いですが、実は日本の受験参考書は、とてもよくできています。規範英文法をもととして、これに幕末・明治以来の先人たちが日本人学習者のための改良を加えて作り上げた精華が「学習英文法」と呼ばれるもの（江利川 2012）であり、

それは受験英語に他なりません。受験英語の参考書は、長年、商業主義にさらされ、売れないと淘汰されるので、洗練に洗練を重ねて、これ以上ないほど無駄を省き、かつわかりやすくなっています。費用対効果の点でいえば、これくらいコストパフォーマンスがいいものもあまりないでしょう。

　留学志望者に対しては、記述英文法よりは規範英文法、つまり日本の受験参考書を一冊しっかり仕上げていくことを勧めます。コーパス言語学を駆使した最新の英文法書も、留学生や英語学習者にとっては、必ずしも最善の英文法書ではありません。**英語教員は、受験参考書の価値を再認識するべきでしょう。**

◆「国際共通語としての英語」モデル

　ときに標準英語を絶対視することに対する批判として、いわゆる「標準英語」を話している英語話者は実は少数派（ある試算によれば、イギリスで英語を母語として話す人口のうち 12 ～ 15% 程度）だというものがありますが、確かに規範英文法のルールに従って標準英語を話す英語ユーザーは少ないと思います。

　しかし、ひとたび書き言葉に目を向ければ、状況はまるで異なります。学術論文は当然のこととして、新聞や雑誌や評論など多少でも改まった言葉を要求される文脈で使用される書き言葉は、すべて規範英文法に則って書かれています。

　そして、大事なことは、結果として、こうして**規範英文法に則って書かれた英語は、世界的に理解可能なものであることが保障される**ということです。書いた人間の出身地がニュージーランドであろうが、インドであろうが、イギリスであろうが、アメリカであろうが、あるいはその他のアジアやアフリカであろうが、そんなことに関係なく、規範英文法のおかげで確実に理解されるのです。

　英語は国際共通語という発言をよく耳にしますが、話し言葉に関する限り、まだ**国際共通語としての英語**（English as an international language; English as a lingua franca）（以下、**国際英語**）がどのよう

なものかは定まっていません。ノンネイティブの英語使用データから帰納的に共通項を導き出し、国際英語のモデルを策定しようという試みを行っている学者（Jenkins 2000, 2002, 2007）もいますが、そのモデルが本当に受容されるのか、先行きは不透明です。それどころか、世界で話されている英語は、あまりにも変種が多く、かつそれぞれの国・地域の人間が話す英語に差が大きいので、同じ英語と言いながらも、お互いに理解不能なものにいずれなるのではないかという心配の声さえあります。私たち英語学習者は、まだ存在もしない不確定な「国際共通語としての英語」モデルに依存するわけにはいかないのです（Prodromou 2007）。

　しかし、書き言葉という領域では、すでに「国際共通語としての英語」モデルは存在します。規範英文法に則った標準英語です。先に述べたように、規範英文法の限られたルールを守って英語を書くと、世界的に理解されることが確実であり、誤解を受ける心配もあまりありません。さらに、規範英文法に則った標準英語は知性的な英語とされているので、そのような英文を書いた人間は、教養のある人間という評価を受けるというオマケまであります。

　私は、**規範英文法こそが、国際英語のモデルとして最もふさわしいも**のだと考えています。第一には、すでに述べたように、それはすでに確立した基準であり、それさえ守れば産出した英文は世界的に理解されるからです。国際共通語としての英語とは、様々な国の人々がお互いの意思を疎通させるための英語ですから、世界のどこでも確実に理解されることが必要不可欠です。それを担保してくれるのは、規範英文法に他なりません。

　規範英文法の中には、今となってはさして重要とも思えないルールもあるので、今後は、理解可能性（intelligibility）を保障するのに必要なルールかどうかという機能的観点から規範英文法を見直し、本当に必要なルールに精選していけば、より国際英語のモデルにふさわしいものになっていくと思います。

　その際には、英米人にとって自然な英語かどうかという視点は不必要

なものとなっていくでしょうし、そうなるべきです。たとえば、私には兄弟が二人いますが、My brothers are two. と言ったら、英米人にしてみれば変な英語に聞こえるでしょう（普通は I have two brothers. と言います）。しかし、この英文は、規範英文法のルールに従って書かれており、完全に理解可能にして誤解の余地もないので、英米人も文句を言ってはいけないとするのです。

　私たちも、国際共通語として英語を「話す」場面では、英米人に「不自然な」英語を直させてはいけません。その時点で、精神的に負けてしまい、議論で不利な立場に追い込まれてしまいます。**理解可能な英語である限り、胸を張るべき**です。「今、私が使っているのは、国際英語であって、英米の言語としての英語ではありません。すでに英語は、少なくとも国際英語は、あなた方だけの所有物ではないのですから、あなた方の基準で一方的に裁かれる理由はありません」くらいのことは言ってもいいと思います。また、無数にある慣用表現や句動詞も、ネイティブを圧倒的に有利にするものなので、国際英語のモデルからは省かれるべきです。

　私が規範英文法を国際英語モデルとして推奨する第二の理由は、慣用表現や句動詞などのように、無制限にありノンネイティブにとっては習得しがたいものと違って、**規範英文法は、ノンネイティブでも十二分に学習可能なもの**だからです。それどころか、ネイティブ以上に使いこなすことさえ可能なのです。結果として、英語を使いながらも、ノンネイティブが必ずしもネイティブに比べて不利なわけではないという逆転現象が起こります。これこそ、まさに国際英語にふさわしい現象です。

　規範英文法の最大の魅力として、このネイティブとノンネイティブの逆転現象について説明して、この章を締めくくりたいと思います。

◆規範英文法の特徴と魅力

　この章の冒頭で触れた規範英文法の成り立ちを思い出してみましょう。

　それは、18世紀末にラウスとマレーという二人の人間の手によって

作られた「英語を適切に話し書くための技術」です。ある種の人工物です。そのため、二つの特徴が生まれます。一つは、限定的な知識体系であるということ。二つ目は、ネイティブスピーカーも意識的な学習を要求されるということです。規範英文法の魅力は、この二つの特徴から説明することができます。

　限定的であるがゆえに、**規範英文法は、平凡な人間が常識的な努力で学習可能なもの**になります。学校教育を語る人の中には、ときに理想論を語るあまり、学習可能性・実現可能性を忘れる人がいます。しかし、学校英語の一番の特徴は時間的な制約の大きいことです。必要不可欠にして、かつ習得可能なものだけに絞って、教えるのが英語教員の役目でしょう。あれもこれもと教えすぎる英語教員は、プロ失格です。何は教えなくてもよいかを真摯に検討し、そもそも教えても達成が見込めないようなことは、思い切って見切るのが本当のプロだからです。無制限にして些末な語法情報やネイティブ並の流暢な発話などは、そもそも学校という制限された環境では習得不可能なものですから、学校英語の目標に相応しくありません。

　現在の日本では大学進学率は非常に高く、高校までの生徒たちは、基本的には大学進学を目指していると言っても過言ではありません。であれば、**時間的な制約の大きい学校において、大学進学を志す生徒に教えるものとしては、規範英文法の価値は再評価されるべき**でしょう。規範英文法の核心というのは、実は大して多くありません。学ぶべき事項は限られているので、そこに努力を傾注すれば、学校においても規範英文法の習得は十二分に可能です。

　そして、書き言葉に対して人工的に押し付けられたものであるがゆえに、ネイティブも必ずしも規範英文法が得意なわけではありません。それどころか、最近の英米では、どうもまともに規範英文法を教えていないようで、私の見る限り、**多くのネイティブは、規範英文法が苦手**です。つまり、**彼らは、話せるだけで、適切に書くことができない**のです。フォーマルな書き言葉は、インフォーマルな話し言葉とは別種のものです。それは、誰にとっても「母語」ではないということでもあります（Birch

2014)。ネイティブにとっても、規範文法のルールを守りながら正式な書き言葉を操るというのは、外国語を学ぶのに似た苦労を伴う作業なのです。

　たとえば、関係詞の制限用法と非制限用法の区別（コラム⑨参照）などは、アメリカ人の学生には難しいことのようで、「大体カンマをつけておけばいいんじゃないか」という妄言を吐く大学院生がいたくらいです。英語を母語として話すだけで、意識的な学習をしなければ、関係詞の前にカンマがあるかないかだけで大きな差が出るということは理解できないからでしょう。ということは、逆に、日本人英語学習者は、この制限用法と非制限用法の区別を学んだだけでも、その一点においてはネイティブに勝てるわけです。だから、規範英文法というものは、難しいだとか役に立たないだとか、世間で言われている悪口とは逆に、お手軽だし、お得なものだというのが私の実感です。

　規範英文法をマスターすると、ノンネイティブにとっては、大きな武器となります。スピーキングの世界では、ネイティブとノンネイティブの間には、大きくて深い溝があることを認めないわけにはいきません（Medgyes 1992）。私自身、イギリスに1年間、アメリカに2年半留学したものの、ネイティブ同様に英語を話す力が身についたなどということはありません。ネイティブ同様の話す力を身に着けるというのは、非常に難しいことなのです。結果として、**スピーキングだけに目を奪われていると、ノンネイティブはどうしても劣等感に悩まされる**ことになります。**スピーキングを偏重するあまり、かえって話せなくなってしまう**かもしれません。

　スピーキングにおけるネイティブ同様の能力は、達成が非常に難しい代物です。第二言語習得研究では、スピーキングにおいて、流暢な発話や自然な発音など母語話者同様の能力を収めることに成功した学習者のことを**例外的な成功者**（exceptionally successful learner）と呼びますが、その名の示す通り、例外的な事例です。

　これに対して、ライティングの分野での成功者は、いくらでもいます。ライティングの上達のためには規範英文法のマスターが鍵ですが、それ

は十分に学習可能なものだからです。アカデミック・ライティングにおいて、ネイティブ以上に立派な論文を書けるようになった事例など探せば、いくらでも見つかります。つまり、**規範英文法とライティングは、ノンネイティブの強みとなる**のです。

◆ノンネイティブの empowerment

このように、ライティングの分野では、規範英文法という極めて限定的な知識をマスターするだけで、ノンネイティブがネイティブに勝つことができます。ネイティブに勝てる分野を持つことで、プライドの回復につながり、安心立命を得ることができ、スピーキングにも良い波及効果を及ぼす。これが、私が体験的に裏付けることのできる英文法の魅力です。

だから、**規範英文法は、ノンネイティブに力を与えてくれるもの (empowerment)** なのです（Furuta 2010; 古田 2013）。ささやかな具体例として自分のことを言えば、私は留学先で書いたレポートの英文に文法のミスがなく立派なものであることを褒められ、クラスの見本となることも多かったものです。アメリカ人学生のレポートの下読みを先生から依頼されることもありました。彼らのレポートの英文に文法上の間違いがないかどうかをチェックする役目です。アメリカ人が書いた英語を直す。これは、やはり留学生にとっては、大いにプライドを回復し、勇気づけられることでした。

先に述べたように、**英語文化圏の現実として、「正しく」英語を書けない人間に対して、ある種の偏見があることは認識すべき**です。いい悪いは別として、現実問題、規範英文法に則って英語を書けない人間は一段低く見られてしまうのです。しかし、これは別にノンネイティブにとって、そう悪い話ではないと思うのです。逆に言えば、**規範英文法に通じ、立派な英文が書ければ、それだけで尊敬を勝ちうることができる**からです。

私たち英語学習者には、二つの道があります。

規範英文法の成り立ちと効力を正しく認識し、努力をもってマスター

して、文意明晰な英文を書けるようになり、確かな実益を享受する。

　あるいは、規範英文法は不自然な人工物であり、学ぶに値しないどころか、不当な差別につながるものだという批判をして、それを拒絶する。

　私は前者をお勧めします。

　後者は、表面上は「政治的に正しい」主張のようにも聞こえますが、実際のところ、現実に存在する格差を固定化することに他なりません。

◆まとめ

　「枕」などと言った割には、話が長くなりました。

　しかし、この序章は、なぜ英文法を学ばなければならないのか、そして、さらには、どのような英文法を学んだ方がよいのか、この二点を明らかにするために、どうしても必要だったのです。

　英文法学習に関しては世間で誤解されている面も大きいのですが、そのほとんどは英文法の成り立ちや種類・性質に関する無知のせいです。

　簡単にポイントをまとめます。

- 英文法には、記述英文法と規範英文法の二種類があり、それぞれ目的が違う。
- 記述英文法は、科学的な事実の探究を目的とするのに対して、規範英文法は、適切に英語を書くための技術という実用的な便宜を提供してくれるもの。
- 同じ英語でも、話し言葉と書き言葉は別物。
- 正式な書き言葉においては、規範英文法が今も昔も揺るがぬ支配力を持っている。
- 規範英文法は、限定的な知識体系なので、学習可能であり、ノンネイティブの武器となって、ネイティブとの立場逆転を可能にする「魔法」。

　そこで私がお勧めする英語学習法は、次のようなものとなります。

- まずは、書き言葉の文法である規範英文法の核心事項を学習する。
- 規範英文法の中核をマスターすることによって、理解不能な英語（impossible utterances）から脱却し、不自然かもしれないが、確実に意味は通じる英文（improbable but possible utterances）を書けるようになることを第一目標とする。
- 「国際共通語としての英語」という観点から、すなわち理解可能性（intelligibility）が最重要事項であるという理由から、規範英文法的に立派な英文であれば、意味は明確に伝わるので、たとえ不自然であってもネイティブスピーカーにそれを責める権利はないと考える。そして、無数にある語法や慣用表現あるいはネイティブのような発音と流暢な発話を習得しようという報われない努力を放棄する。
- 余力を使って、記述的な英文法研究の成果を利用して、話し言葉の文法（spoken grammar）を学習し、スピーキングの向上に役立てる。
- ただし、「話すように書く」ことと違って、「書くように話す」ことは滑稽に聞こえるかもしれないが実害は少ないので、書き言葉の文法を優先して学習し、話し言葉の文法は、それに付随するものとして学ぶ。
- つまり規範英文法を基軸として学び、そこに記述英文法を付け足していく。

さあ、それでは、いよいよ本格的な英文法の世界を探る旅に出かけましょう。
まずは伝統文法の精髄である品詞の話です。

文献案内
＊渡部昇一（2003）『英文法を知っていますか』文藝春秋（文春新書）
＊渡部昇一（1988）『秘術としての英文法』講談社（講談社学術文庫）
　➤英文法の歴史を知るためには、この二冊が便利です。より本格的に学

びたい場合には、同著者の『英文法史』(研究社、1965 年)や『英語学史』(大修館書店、1975 年)があります。

* Eto, H. (1997). On the Role of German Grammarians as a Bridge between Traditional and Scientific Grammar in 19th Century England. In Kurt R. Jankowsky (Ed.), *Conceptual and Institutional Development of Europe and the United States* (pp. 133-154). Nodus Publikationen.
   - ➤ 規範英文法(= 18 世紀までの伝統文法)と記述英文法(= 19 世紀以降の科学文法)の違いを、「art VS science」という観点から歴史的に明らかにした論考です。

* Rühlemann, C. (2008). A Register Approach to Teaching Conversation: Farewell to Standard English? *Applied Linguistics, 29* (4): 672-693.
   - ➤ 使用域による差異と標準英語をどのように考えるべきかという問題について示唆に富む論文です。バランスの取れた論考だと思います。

* Prodromou, L. (2007). Is ELF a variety of English? *English Today, 23* (2): 47-53.
   - ➤ 国際共通語としての英語と標準英語の関係についての刺激的な論考です。私はこの論文の趣旨にほぼ全面的に賛同します。

* 鳥飼玖美子(2011)『国際共通語としての英語』講談社(講談社現代新書)

* 鈴木孝夫(2001)『英語はいらない!?』PHP 研究所(PHP 新書)
   - ➤ 国際共通語としての英語について理解を深めたい場合に便利な案内書です。後者は、English ならぬ Englic、すなわち「英語のようなもの」を提唱し、国際共通語としての英語は、英米人にとって外国語の如き存在でなければならないと主張しています。過激ですが、一理ある提案です。たまたま英語が母語であるというだけで、国際的な議論の場で、英米人が圧倒的に有利な立場を享受するのは、おかしな話です。国際英語の使用現場では、英語のネイティブスピーカーが不当な恩恵を享受しないように(すなわちノンネイティブが不当に不利な立場に追い込まれないように)、ネイティブも一定の努力をしなければならない状況を義務化すべきだと思います。たとえば、多国間会議などで英語を共通語とするのは仕方ないにしても、必ずしも話し言葉でやる必要はないのではないでしょうか。スクリーン上のチャットで行えば、議事録を取る手間も省けますし、ノンネイティブの不利が大分緩和されるはずです。

* Furuta, N. (2010) Academic Writing as Empowerment: My Dual Identities as a Speaker and a Writer. A paper read at the CA TESOL Northern Regional Conference, November 2010.
   - ➤ アメリカ留学中に、ライティングがノンネイティブにとって武器となることについて、カリフォルニアの小さな英語教育学会で発表したものです。

* 古田直肇(2013)「英文法の魅力について―英米大学院留学の体験に基づいて」、*Asterisk 21* (2): 55-66.
   - ➤ 自分の留学体験に基づいて、規範英文法の魅力について述べたものです。本章の内容は、この拙稿に基づいています。

コラム① ノンネイティブ・チェック

よく日本人は自分の書いた英文をネイティブにチェックしてもらいますが、私は、アメリカの大学でネイティブの学生が書いたレポートの英文に間違いがないか、チェックする仕事を向こうの先生に依頼されたことがあります。ノンネイティブ・チェックなどという言葉は耳にしたことがありませんが、規範英文法をマスターすると、そんなこともできるようになるのです（ちなみに、ネイティブ・チェックという言葉は和製英語です。英語で通常使う言葉は proofreading でしょう）。

その他にも、英語教育専攻の大学院生のための英文法の授業では、期末試験で満点を取ったせいか、次の学期に先生に依頼されて、期末試験のためのセッションを担当したり、先生の都合のつかないときには代講までしました。

これも考えてみれば、おかしな光景です。アメリカの大学院で、日本人が日本語訛りの英語を話しながら、アメリカ人大学院生に英語のルールについて教えているのですから。ちなみに、同じ教室内にいたノンネイティブの学生からは「勇気づけられた」というようなコメントをもらいました。

ある授業で書いたレポートは、「読むのが、完全なる喜びだった（It was an absolute pleasure to read）」という言葉で褒められて、次の学期は見本となり、学科内でちょっとした有名人になったりもしました。

そんなこんなで修士課程修了後は、英語教育専攻の中で2名の優秀者に与えられる Distinguished Achievement Award なる賞まで頂きました。

なんだか自慢ばかりして恐縮ですが、それもこれも全て英文法をマスターしていったおかげなのです。私にとっては、英文法は文字通り私の留学を成功に導いてくれた恩人です。

昨今の英文法批判を聞くにつけ私が思うのは、「英文法がしてくれなかったこと」ばかりを責め立てて、「英文法がしてくれたこと」を全く認識していないのではないか、ということです。

私たちは、ついつい親に対しては、「してくれたこと」を忘れ、「してくれなかったこと」を恨みに

思ったりするものですが、なんだか、それに似ているように感じます。たとえば、もし親が学費を出してくれ、教育を施してくれたのであれば、それだけでも十分にありがたいと思うべきなのに、「あのとき、こんなことをしてくれなかった」といったことの方が記憶に残っているとすれば、あまり健全なこととは言えないでしょう。

英文法も、実はあまり人々に認識されるに至っていない恩恵があるのではないでしょうか。確かに目に見えてスピーキングが流暢になることはないかもしれません。しかし、実は辞書さえあれば英文を正確に読み書きできるようになることは、貴重な知的財産です。「英文法がしてくれなかったこと」を並べ立てて恨みを募らせるよりは、「英文法がしてくれたこと」に関して感謝する方が健全ではないでしょうか。

ルサンチマン（恨み）は人を滅ぼしますが、感謝は人を成長させます。英文法の価値を誠実に認識して、それに感謝する人が増えたとき、日本人の英語力はもっと成長すると私は思います。

02章　品詞の話①（有標・無標）

◆『フルハウス』の一場面から

　昔、NHK で放送されていた『フルハウス』というアメリカのテレビ番組をご存じでしょうか。妻を亡くしたシングルファーザーのダニーが、親友のジョーイと義弟のジェシーに助けてもらいながら、三人の娘（DJ、ステファニー、ミシェル）の子育てに奮闘するコメディーです。コメディーなので笑いどころも満載でしたが、家族愛をテーマとした感動エピソードも多く、私はよく泣かされたものです。本章は、その『フルハウス』の一場面から語り起こすことにしたいと思います。

　庭でジェシーが知り合い夫婦の息子クーパーと話しています。知り合い夫婦は、うちの息子は年の割に賢い（smart）と自慢しています（クーパーは、まだ幼稚園に行ってもいない幼児）。一方、ジェシーは、カッコいい色男なのですが、高校を中退しており、勉強はあまり得意ではありません。

　　Cooper: Excuse me, sir. Could I use that block, please?
　　Jessie ：Cooper talks good.
　　Cooper: Cooper talks "WELL."
　　Jessie ：...... Right.
　　Cooper: Talks "WELL."
　　Jessie ：Yeah, you do, you talk very good, "well" I mean.

どうでしょうか？
　これがスッと笑えたら、品詞のことをよくわかっている証拠です。試しに訳してみると、こんな感じでしょうか。

　　クーパー：すみませんが、そのブロックを使ってもよろしいでしょうか？
　　ジェシー：クーパーは、すごい上手に話すんだね。
　　クーパー：クーパーは、「すごく」上手に話すんだよ。
　　ジェシー：……そうだな。

クーパー：「すごく」上手に話すの。
ジェシー：うん、そうだな、お前さんは、すごい上手に話すな、いや「すごく」ね。

◆**品詞の要諦**

NHKを見ていると、話している人は、「すごい」という言葉を使っているのに、字幕では「すごく」に直されていることがあります。「すごい上手だ」と話しているのに、「すごく上手だ」に変更されているわけです。

これは、なぜなのでしょう？

端的には、標準日本語では、「すごい」は形容詞であり、「すごく」は副詞とされているからです。形容詞は、名詞を修飾するものですから、それ以外の言葉を修飾する際に使うのは、副詞の「すごく」であるべきだ。そういう判断をNHKは下しているわけです（実際、外国人用の日本語文法書では「すごい」は形容詞に、「すごく」は副詞に分類されています）。

英語でも、同様の現象があるのです。

標準英語では、goodは形容詞であり、wellは副詞です。少なくとも、規範英文法ではそういうことになっています。よって、talk「話す」が動詞であることを考えれば、それを修飾する言葉は、形容詞のgoodではなく、副詞のwellがふさわしい。そんなことを幼児に諭されてしまったジェシーが苦笑いするのも無理はありません。

このように、**品詞とは言葉の種類分けのこと**であり、大事なのは、**品詞ごとに文の中で果たす役割が違う**ということです。

名詞と動詞の区別で迷う人はいないでしょうから、**大事なのは、形容詞と副詞の区別をつけられるようになること**です。

形容詞は、名詞を説明する言葉で、「どのような」に当たる情報を提供してくれます。

それに対して、**副詞は、名詞以外の言葉を説明する言葉**という理解をしておけばいいでしょう。特に動詞を修飾して、「どこで・いつ・どのように」という情報を付け足すのが副詞の主な役目です。副詞は英語で

adverbと言いますが、これを分解すれば、ad-「〜に」＋ verb「動詞」となります。つまり、**副詞は、「動詞に副える」言葉**というわけです。

◆記述英文法と規範英文法再び

では、goodは絶対に形容詞としてしか使わないのかというと、そんなことはありません。クーパーに直された後もジェシーが思わず口に出してしまったように、goodを副詞として使うのは、話し言葉では決して珍しい用法ではありません。

ここで**記述英文法**と**規範英文法**の差を思い起こしてみましょう。記述英文法の立場からは、goodは形容詞としても使われるし、副詞としても使われるので、どちらが正しいということはありません。しかし、規範英文法では、goodは形容詞として使うのが「正しい」のです。

さらに、ここで進んで**使用域**を考えてみると、事情がスッキリ理解できます。話し言葉では、別にgoodを副詞として使っても構わないのです。むしろ、話し言葉で、こんな細かい言葉遣いまでわざわざ訂正する人間は嫌われると思います。クーパー少年は幼児なので、そのcould I...「〜してもよろしいですか？」という大人びた丁寧語と相まって笑いを誘う情景になっていますが、人によっては腹を立てるかもしれません。

しかし、正式な書き言葉で、goodを副詞として使用するのはお勧めできません。それは、正式な書き言葉という規範英文法が厳格に支配する領域では、悪目立ちしてしまうからです。

序章で指摘したように、そういう悪目立ちする用法を使うと、使った人間の知性を疑う「偏見」が英米の知識人の中には根強くあることを頭に置いておきましょう。もちろん、それは単なる「偏見」なのです（言語学的には、何の裏づけもありません）が、そうした「偏見」を個人の力で無くすのは至難の業です。言語学者は、言語学的な事実ではないとして、こうした現実を切り捨ててしまいますが、言語というのは人間の頭の中では知性と分かちがたく関連付けられています。私たち人間には、英語であれ、日本語であれ、ある種の言葉遣いをする人のことを知性的であると判断し、逆にある種の言葉遣いをする人は知性の足りない人間

であると判断する癖があります。これもまた、人間に関して決して否定することのできない事実です。

　第1章で、最近では文法的な判断を下す際に、「**正しい（correct）**」という言葉より、「**適切だ（appropriate）**」という言葉を使う人が増えてきたと述べました。言語については、ある言葉遣いが絶対的に正しい・間違っているという判断を下すのではなく、その場その場の状況にふさわしい選択と不適切な選択があるという認識でいた方がよいということです。つまり、Cooper talks good. という英文は、クーパー少年の認識とは違って、絶対的に間違っている用法ではありません。それは、話し言葉では何の問題もなく許容される言葉遣いです。しかし、書き言葉では不適切なのです。

◆「unmarked VS marked」という考え方

　good を副詞として使うのは書き言葉では「悪目立ち」すると述べました。ここで、この現象を考えるのに便利な概念を一つ紹介しておきたいと思います。**言語には、「無標な（unmarked）」ものと「有標な（marked）」ものが二項対立的に存在している**という考え方です。

　本書の目的は、英文法を網羅的にカバーすることではありません。それは、もっと専門的な英文法書の仕事です。本書は、英文法のうち、本当に大事なことだけに焦点を絞って、考え方のコツを説くものです。

　たとえば、序章では、**記述英文法**と**規範英文法**という区別、そして**使用域**という概念を紹介して、話し言葉と書き言葉の区別を説明しました。こうした概念は、やや専門的かもしれません。それでも、ある程度詳細に説明したのは、こうした「刀」を自分のものにしておくと、英語という言語の現象を容易に「切る」ことができるようになるからです。「理解」という漢字の原義は、「バラバラに切りわける」ことです。「解」の文字の中には、「刀」がありますが、元は、「牛などの動物の体を刀で切りわける」ことを意味したそうです（白川 2003）。私が本書でしたいのは、**英語という言語を切り分けるための「刀」**を読者の皆さんに差し上げることです。そうして読者の皆さんが自分の頭を使って英語を分析し

理解できるようになったとすれば、本書は、まさに「本」望を遂げたと言えるでしょう。

そして、ここで私が読者の皆さんの脳内武器庫にぜひ加えておきたい「刀」が、**「無標（unmarked）」・「有標（marked）」という区別**です。unmarked/marked というのは、「印がついていない・印がついている」というのが文字通りの意味ですが、要は、言語の中には、往々にして、「**一般的で中立的な（basic, typical, and neutral）**」ものと、「**例外的で特殊なニュアンスを持つ（exceptional and conveying more information）**」もののペアが対立的に存在しているということです。

これは、元はヤーコブソン（Roman Jakobson, 1896-1982）という言語学者が発展させた概念で、後にはチョムスキー（Noam Chomsky, 1928-）も応用して自分の言語習得理論に取り入れたものです（Battistella 1996）。専門的には、小難しいこともいろいろあり、様々なバリエーションがある概念なのですが、ここでは深くは立ち入りません。それだけで一冊の本が書けてしまいますから。単に、**言語を説明する際には、「普通にして無色のもの」と「例外的にして特殊なもの」という二項対立を考えると便利なことが多い**とだけ理解しておいてください。

たとえば、競馬場で走っている動物を指すときには、単に「馬（horse）」というのが普通です。しかし、同じ動物を指すときにも、「雌馬（mare）」と言ったり、「種馬（stallion）」と言ったり、「仔馬（colt）」と言ったりすることもできます。前者が、**無標**の表現です。つまり、普通はこちらを使いますので、使用頻度も高く、意味合いも無色透明に近いわけです。それに対して、後者の三つは、**有標**の表現です。単に「馬（horse）」というのに比べると、例外的で、それぞれ何らかの特殊な意味合いを有しています。

つまり、以下のような二項対立が言語には偏在していると考えられるのです。

- unmarked（無標）≒普通
    - basic, normal, central, usual, frequent, typical, neutral（一般的

なもので、使用頻度が高く、典型的にはこちらを使用するもの。結果として、伝達する意味情報は中立的なものとなる）
- marked（有標）≒特殊
  ➤ exceptional, special, peripheral, unusual, infrequent, untypical, complicated（例外的なもので、使用頻度は低く、特別なものと言える。結果として、より複雑な意味情報を包含する）

この有標・無標という区別は、程度問題であり、実は状況次第で変わります。程度問題というのは、A、B、Cと三つの表現があったときに、AよりもBの方がmarkedだが、CはBよりもさらにmarkedであるというように、連続したものとして考え得るということです。状況次第（context-sensitive）というのは、たとえば、ある言語では有標なものが別の言語では無標なものとなることもある（目的語が動詞の前に来るのは、英語では特殊な現象ですが、日本語では普通です）し、同じ言語の中でも、ある時代に有標だったものが時代を経て無標なものになっていくこともあります（進行形は昔の英語では珍しい形でしたが、現代英語ではそんなことはありません）。

そして、私たちにとって、大事なのは、**使用域も有標・無標の区別に関わってくる**ということです。つまり、話し言葉では普通の言い回しが、書き言葉では「悪目立ち」してしまうことがあるのです。

◆ Cooper talks good. の意味するもの

ここで、Cooper talks good. という英文と Cooper talks well. という英文が意味するものを再度検討してみましょう。この二つの英文は、同じ意味内容を持つものと言いながらも、実は、それぞれ異なったニュアンスを持っています。

話し言葉という領域では、good を副詞として使うことは、別に悪目立ちするというほどのものではありません。確かに、話し言葉でも good の最も典型的な使い方は形容詞ですし、副詞としては well を使う方が普通です。しかし、それでも good を副詞として使うことも例外的

とまでは言い切れません。なぜなら、話し言葉では、すでにある程度ありふれた現象になっているからです。たとえば、会社で部長が新入社員の様子を課長に尋ねます。その際、課長は、I think they're doing good.「よくやっていると思います」などと言うでしょう。

しかし、書き言葉では話が違ってくるのです。小説などは別として、特に正式な書き言葉という領域では、good を副詞として使うのは明らかに有標です。しかも悪い意味で有標なのです。

このように、話し言葉では無標に近く、特別とは言い切れない言葉遣いも、書き言葉では有標となり、場合によっては「悪目立ち」することがあるのです。書き言葉では、規範英文法の定める用法に従って、それぞれの言葉を典型的な品詞で使った方が無難と言えるでしょう。

辞書にあるからといって、何でも使っていいというものではないことを覚えておいてください。辞書はすべての用法を記述するのがお仕事だからです。よくよく辞書の項目を見てみれば、各用法の欄に小さく〈正式〉〈略式〉などという記載があることに気がつきます。たとえば、good を『ジーニアス英和大辞典』で引いてみれば、副詞の項目には、「略式」とあり、「well の代用」と記されています。これは、正式な書き言葉では使わない方が無難ですよということを教えてくれているわけです。

◆「正しさ」よりも「適切さ」

仮に読者の皆さんが英語教員の立場にいたとします。たとえば、生徒が He is pretty good at speaking English.「彼は英語を話すのがとても上手い」という英文を書いてきたとして、この英文を He is very good at speaking English. に直すべきなのでしょうか。

私の答えは、「時と場合による」です。

もし与えた課題が、メールを書くことだったとすれば、特に直す必要はないでしょう。pretty という言葉を「とても」という意味の副詞として使っても問題ない使用域だからです。いわんやスピーキングであれば、まったく訂正する必要はありませんし、むしろ直す方が問題でしょう。

しかし、もしレポート課題の中でこの英文を見つけた場合には、訂正

してあげた方が生徒のためだと思います。なぜなら、正式な書き言葉では、pretty を副詞として使うことは、推奨されない「不適切な」用法だからです。書き言葉では、その用法は有標なのです。

　このように、ある用法が絶対的に「正しい」ということはあまりありません。むしろ、**使用域に応じて、適切な用法と不適切な用法がある**と考えるべきです。そして、**何が適切かは、使用域に応じて変化する**のです。このことに英語学習者も英語教師ももっと意識的になるべきでしょう。

　余談ですが、pretty という言葉の原義は、「ずるい」というものです。nice という言葉も、元は「愚かな」という意味でした。日本語でも、会話では、「ヤバい」という言葉は、「おいしい・カッコいい・キレイだ」などの良い意味で使われています。元は悪い意味だった言葉が反転した意味で使われるという現象は日本語でも英語でも共通して見られるようです。

◆「その英語、ネイティブには……」

　ネイティブには変に聞こえる英語を集めた本が人気を博しています。日本人は、こんな英語を話すことがあるが、実はこれはネイティブには変に聞こえる。そういう事例を集めて日本人の恐怖感を煽る本が数多くあります。

　しかし、こういう風潮は、あまりいいことのようには思えません。一つには、そんなことばかりを気にしていたら、皮肉なことに、恥を恐れる日本人はますます英語が話せなくなるからです。

　もう一つは、国際共通語として英語を「話す」際には、必ずしもネイティブの規範に従うことを絶対視しなくてもいいからです。意味がまったく通じない事例や本当の誤解を招く事例は別ですが、たとえば日本人・韓国人・中国人・イギリス人・アメリカ人が入り混じって英語で会話をしているときに、母語話者のみにわかる微妙なニュアンスまで気にする必要はないでしょう。むしろ、そのときには英米人に対しては「英語を話してやっている」くらいの気分でいた方がいいですし、英米人は「英語を話してもらっている」と認識し、その英語は国際英語であり、英米

人のみの所有物ではないことを謙虚に受け入れるべきです。その状況で気を遣うべきなのは、日本人でも中国人でも韓国人でもなく、むしろ英語の母語話者である英米人です。

ここでもう一つ指摘しておきたいのは、そうした「変さ」を話題にするとき、なぜか人々の頭の中にあるのは話し言葉だけだということです。書き言葉という領域が別に存在することは、どうもそうした人々の念頭にはないらしい。しかし、上で述べたように、**ある表現が普通なのか特別なのかという有標・無標の区別は、使用域に応じて大いに変わり得る**のです。

◆省略形か完全形か

たとえば、よく耳にする事例として、省略形の話があります。I do not like it. は I don't like it. と同じではないということを説いて、会話では省略形を使うのが普通だと勧める指南書を目にしたことがあります。

たしかに、これは的を得た指摘です。**会話では、省略形に比べて、完全形は有標**と言って差し支えありません。結果として、あえてその有標の形を選択すれば、強調という特殊なニュアンスが出ることになります。私は実際にビジネスの会議でのネイティブとノンネイティブの会話を集めたコーパスを比較して、省略形の頻度を調べてみたことがありますが、ネイティブスピーカーが省略形を多用しているのに対して、ノンネイティブはむしろ完全な語形を使う傾向があることが確認できました (Furuta 2012)。

ただし、ここで終わってしまうと、**書き言葉では、逆に省略形を使わない方が普通**だという視点がスッポリと抜け落ちてしまいます。正式な書き言葉では、don't よりも do not、won't よりも will not の方が普通なのです。もし書き言葉で省略形を多用すれば、それはやはり悪目立ちしてしまうことでしょう。

つまり、こういうことです。

- informal spoken English

- ➤ 省略形が無標（普通の言い方で、目立たない）
- ➤ 完全形は有標（強調という特殊なニュアンスが出る）
- formal written English
    - ➤ 完全形が無標（普通の言い方で、目立たない）
    - ➤ 省略形は有標（不適切と判断される）

◆ダブル・スタンダードの勧め

　どうも世間では「英語＝話し言葉」という思い込みが大きいようです。
　話し言葉を言語の最も大事な側面と捉え、書き言葉を軽んずる傾向は、19世紀から20世紀にかけて言語学が発展して以降、顕著にみられる傾向です（言語学では「音声言語優先（primacy of speech）」と呼ばれる考え方です）。それ以前は、書き言葉を重んじていたことに対する反動なのでしょうが、**話し言葉も書き言葉も同等に重要な使用域**であるというバランスの取れた認識へと移行していくべきでしょう。たとえば、native speaker という言葉自体にも、スピーキングのみが言語であるという思い込みが潜んでいますが、言語使用の多様な側面を私たちは忘れるべきではないと思います。

　私がお勧めするのは、**使用域に応じてアプローチを変える**ことです。話し言葉に関しては、最低限の文法を守って意味の通じる英語を心がけます。ただし、それ以外の細かいことはあまり気にせずに思い切って英語を話す。書き言葉については、特に公的な用事で出す手紙や大学で出すレポートなど正式な書き言葉を要求される場面では、規範を意識して、適切な言葉遣いを心がける。**スピーキングではネイティブスピーカーの好悪感情を考慮の枠外に置き、ライティングでは英語文化圏の伝統的な規範を重んじるという、ある種のダブル・スタンダード**ですが、日本人の英語学習者にとっては最も現実的な対処だと思います。

　native speaker とはいっても、native writer とはいわないのは、書くという行為がどうしても意識的な学習を必要とするからでしょう。人間は誰でも母語を話せるようになりますが、教育なしには読み書きはできるようにはなりません。日本人の間でも日本語をまともに書けない人は

珍しくありません。しかし、裏を返せば、**書くという行為においては、母語話者という圧倒的な優位性を非母語話者が意識的な学習によって覆すことができる**のです。立派な英文を書けるようになることを目指して勉強することをお勧めしたいのは、こういう事情があるからです。

そして、その第一歩は、**それぞれの言葉を品詞に応じて使い分ける**ことなのです。この言葉は、形容詞として使うのが普通だから、名詞を説明するときに使う。この言葉は副詞として使うのが普通だから、動詞を説明するときに使う。こんな簡単な区別ができるだけで、書く英文が規範的になり、立派なものとして受け止められる。つくづく英文法というのは、お得な知識です。

文献案内

* Battistella, E. L. (1996). *The Logic of Markedness*. Oxford University Press.
  * 「有標性（markedness）」という概念の起源と変遷については、この本が便利です。大雑把にいって、ヤーコブソン系統の考え方とチョムスキー系統の考え方がありますが、私が本章で説明したのは、ヤーコブソン系統に近いものです。本章で説明したように、有標・無標の区別は、たいへん便利なものです。その要諦は、ある共同体に所属する人間の意識では、あるパターンが「普通」だと共通して考えられているということです。普通のパターンは、無色透明に近く、普通ではないパターンは何らかの特殊な意味合いを持つことになります。実は、この概念は、言語以外の現象にも適用可能なのですが、その話はコラム②に譲りましょう。
* Steven Pinker (1994). *The Language Instinct: How the Mind Creates Language*. William Morrow and Company. ［椋田直子（訳）(1995)『言語を生みだす本能』NHK ブックス］
  * 言語の「規範」という考えに対する批判の代表的なものとしては、この本の第 12 章を読んでみてください。ピンカーは、アメリカを代表する言語学者の一人です。言語学的には 100 パーセント正しい主張なのですが、学者ゆえに、理想論に終始して、現実の学習者の便宜を考えていません。

コラム② ミニスカートと日本神道

　有標・無標という区別は、実は言語以外のことを説明するのにも便利なものです。

　たとえば、現代の日本の女子高生の間では、制服のスカートの丈を短くしてミニスカートを履くのが普通のこと、つまり無標です。ところが、一歩日本から足を踏み出してみれば、いや、あるいは少し前の日本でも、若い女性が脚、特に太腿を露わにするのは、非常に珍しいことです。アメリカでもイギリスでもあまり目にしたことはありません（上半身の肌に関しては割と無造作ですが）。

　おそらくは欧米人にとっては、女性の脚というものは、性的な意味合いの強い催淫帯（さいいんたい）（erogenic zone）なのです。何せイギリス人は、容易に靴を脱ぎたがらないことから考えても、foot でさえも人に見せるべきものではない恥部だと考えている節があります（鈴木 1990）。まして leg や thigh は推して知るべきです。あまり普通ではないということは特殊なニュアンスを持つことになります。そう思って、英米で女性が脚をさらけ出している場面を探してみれば、それは明らかに異性を誘うような場面なのです。

　寒い冬の日でもミニスカートの女子高生を見ると、その根性に感心しなくもありませんが、自分たちの風習が外の世界ではどのように受け止められる可能性があるか、考えた方がいいようにも思うわけです。知り合いのアメリカ人が一人日本の大学で教えているのですが、彼に日本の女子高生の服装をどう思うか聞いてみたことがあります。彼の返答は「なぜ彼女たちは prostitute みたいな格好をしているんだろう？」というものでした。彼女たちにしてみれば、性的なのは胸であって脚ではないということ（だから胸は決して出さない）なのでしょうが、欧米では、どうも逆のように見受けられます。これは、日本の女子高生と欧米の女性で、有標・無標なものがひっくり返っている事例です。

　その他にも、例えば日本神道のような民俗宗教（folk religion）は、古代においては、世界でありふれたものでした。昔は、それこそどの部族も、

祖先崇拝を基盤とした宗教性を有していたのです（Russell 1994）。ところが、後代になって、キリスト教・仏教・イスラム教などの普遍宗教（universal religion）が世界を席巻して、民俗宗教は多くの地域で途絶えます。こうなると、普遍宗教が無標のものとなりますので、日本神道は、現代の宗教としては有標つまり異質なものと映ります。

しかし、もともとは祖先崇拝を中心とする民俗宗教は、ごくごく普通にして無標の現象だったのです。今では一神教の方が普通なので、「普遍」宗教と呼ばれていますが、古代においては、多神教の民俗宗教の方が「普遍」的でした。とすると、日本神道の価値および日本文明の独自性は、古代の精神世界が今に至るまで脈々と受け継がれて生きていること（かつ現代文明と調和・融合していること）ということになります（渡部 1989）。

英語で dexterous「器用な」という言葉の原義は、「右利き」であり、sinister「邪悪な」という言葉の原義は「左利き」ですが、これも古代にあっては右利きが無標のことであったのに対して、左利きは珍しいがゆえに有標であり、悪いニュアンスを持っていたということから説明できます。

人間は、どうも普通と普通ではないことを区別し、さらには普通ではないものを一段低く見る癖があるようです。しかし、その区別も普遍的なものではなく、地域的にも時代的にも限定的なものである（時間を遡ったり、空間的に移動すれば、普通と特殊がひっくり変えることもよくある）ということは認識しておくべきでしょう。自分にとっての「普通」は、異なる他者にとっては「普通」ではないかもしれないのです。

03章　品詞の話②（名詞構文）

◆ grammar**s**

English**es** という英語の複数形を目にする機会が増えてきました。

英語は、もともとは、その名の示す通りイギリス人の言語でしたので、当然 English という単数形で表されましたが、現在英語を使う国は世界中に多数あります。その結果、アメリカ英語やイギリス英語に加えて、インド英語やフィリピン英語、シンガポール英語なども、英語の変種として認められるようになっています。また、同じアメリカ国内でも、標準アメリカ英語とアフリカ系アメリカ人英語はずいぶん異なります。このように、英語といっても、様々な英語があるということを指して、English**es** という複数形が使われるわけです。

同様に、最近では、grammars という複数形も目につくようになってきました。

これは一つには、世界には Englishes、つまり様々な種類の英語が存在するからです。しかし、私たちにとって、もっと大事なのは、標準英語と呼ばれる英語の中でも、**話し言葉と書き言葉では文法が異なる**という事実です。つまり、いわゆる標準英語を使う英語話者でも、話し言葉と書き言葉では、英語をだいぶ違った形で使っているのです（使用域の話を思い出してください）。特に、日常会話とアカデミックな文章の差は大きく、アカデミック・ライティングは、決して会話を文字に起こしたものではありません。

本章では、品詞の話の続きとして、アカデミック・ライティングの文法の話をしたいと思います。**論文を英語で書くための大事なコツは、名詞を使いこなすこと**だからです。同じ内容を言うのでも、いわゆる**名詞構文**というものを使いこなすと、アカデミック・ライティングにふさわしい立派な論説文になるのですが、逆に、このコツを知らないと、会話体に近くなり、アカデミック・ライティングとしては締まらない英文になってしまいます。

大学の先生は、カッコいい英文を書くためのコツを自分では利用しているのに、なぜかそれをあまり学生には教えたがりません。本章では、それを明らかにしたいと思います。

◆ what「何を言うか」と how「どのように言うか」

「姿は似せがたく意は似せ易し」とは、本居宣長の言葉です（渡部 1982）。

たとえば、桜の花の散る姿を詠んだ有名な歌に「ひさかたの光のどけき春の日にしづ心なく花の散るらむ」（紀友則）というものがあります。これは「意（内容）」としては、のどかに日の光がさしている春の日に桜の花がはかなく散っているなあというものです。しかし、私が同様の内容のことを歌にしたとしても、古今集には収録されなかったでしょうし、百人一首の名歌として後世に歌い継がれることもなかったでしょう。この名歌が名歌たるのは、内容というよりは、むしろその内容を見事に表現した「姿」によるのです。散る桜はきれいだけれども儚いということは誰にでも言えます。しかし、その情緒と寸分違わず一致する表現形式を見出すのは容易なことではありません。つまり、「意」を似せるのは簡単ですが、「姿」は似せがたいのです。

私たちは、ものを言ったり書いたりするときに、つい「何を」言うかだけに気を取られてしまい、「どのように」言うかに対する配慮を忘れてしまうことがあります。たとえば、プレゼンテーションをしなければいけないとき、皆さんはどのような準備をするでしょうか。おそらく、懸命に調査をして、話す内容に関する準備を万端に整えるのではないでしょうか。

しかし、実は**聴衆の心をつかむためには、話す内容以上に話し方も大事**なのです。それを反映して、アメリカの大学では、プレゼンテーションの評価項目に、**内容（content）**の欄だけではなく、声の大きさやアイ・コンタクトなど、**話し方（delivery）**の項目があります。実際、どれだけ内容がダメでも、聴衆の目を見ながら自信たっぷりに堂々と語りかければ、それなりに立派に聞こえてしまうものです。アメリカ人は一般にこの技術に長けているので発表が上手です。対して、日本人は真面目に内容の準備はするのに、話し方が下手なせいで損をしている事例が多いように思えます。

アカデミック・ライティングでも「姿」が重要な要素です。「意」は

当然の前提ですし、書く内容に気を払わない人はいないでしょう。**私たちが意識的に気を付けるべきは、what「何を書くか」よりは、むしろhow「どのように書くか」**なのです。

では、どのような「姿」がアカデミック・ライティングにふさわしいのでしょうか。

◆**名詞構文**

簡単なクイズから始めましょう。

次の二つの文は意味内容としては同じものですが、どちらの方がアカデミック・ライティングにふさわしい姿でしょうか？

A. The telephone was invented, so there were many new opportunities for better communication.
電話が発明されたので、以前よりも良質のコミュニケーションの機会が新たに多く生まれた。

B. The invention of the telephone created many opportunities for enhanced communication.
電話の発明が、発達したコミュニケーションのための多くの機会を生み出した。

答えはBです。Aは、どちらかと言えば、会話的なスタイルになります。

一番の違いは、同じ内容を「電話が発明された」という文で表すのか、それとも名詞の中にギュッと押し込めて「電話の発明」と表現するかです。後者のことを**名詞構文**と言い、これがアカデミック・ライティングの最大の特徴です。

江川泰一郎『英文法解説』（江川1991）は英語教師ならば知らない人はいない大ベストセラーにして、規範的学校文法に記述的科学文法の知見をバランスよく取り入れた名著です。

この本の第2版と第3版を比べると面白いことに気がつきます。第3版では、名詞構文という項目が新たに独立し、旧版では1頁強だったも

のが7頁に渡って解説されているのです（§22〜§26）。江川先生の言葉を借りれば、名詞構文とは、「**動詞または形容詞が名詞化されて文に組み込まれた構文**」(p. 30) です。「名詞構文は高校生や大学生が英文を読み、これを自然な日本語に訳する上で大きな困難点の一つである。この困難点を克服すると、英文解釈の力が飛躍的に伸びる」と序文 (p. i) にありますが、まことに慧眼です。

　私がここで付け足したいのは、**名詞構文の習得は、日本人学習者が英語を読むことを容易にするのみならず、自らアカデミックな論説文を書くことを可能にするもの**だということです。

◆機能文法

　江川先生は名詞構文を「日本語と比較した場合の英語の表現の特色の1つ」(p. 30) と記されていますが、若干修正が必要でしょう。というのも、名詞構文は、英語でも使用域を問わず多用されるわけではないからです。**名詞構文が使われる主な使用域は、論説文すなわちアカデミック・ライティング**であり、会話では珍しいものとなります。会話体では有標なものが論文では無標になるという逆転現象は第2章でも確認しました。

　言語は、それぞれの社会的状況の中で果たすべき役割が異なります。たとえば、日常会話の主な目的は、目の前の相手との情報交換や交流でしょう。これに対して、大学でレポートを書く目的は、大学教授を読み手として、教授に自分の主張を説得的に述べることです。私たちは、**友人に話すときと教授にレポートを書くときでは、言語の果たす機能が異なることを意識して、目的に合致するように、言語を使い分ける**のです。あるいは使い分けることのできた場合、言語は所定の効果を上げますが、使い分けられない場合は一定の不利益を蒙ります。話すままに書いたレポートでは、A を取ることは難しいでしょう。

　子供が学校で読み書きを習うというのは、話しているものをそのまま書く術を身につけるという単純な変換作業ではありません。それは、家庭という私的な共同体を越えて、学校を始めとする公的共同体に適応し、そこで効果的に言語を使うことができるようになるために、言語を再構

築する作業です。新たな知識体系を手に入れるといっても過言ではない知的変革なのです。言語は社会に生きる人間が生み出した社会的な期待を実現するための道具なので、目的に応じて大胆にその姿を変えます。**このように誰がどのような目的で使うのかに応じて言語は変わる**のですが、この視点を重視する言語学のことを**機能言語学**と呼び、その考え方にそった文法研究のことを**機能文法**と呼びます（Schleppegrell 2004）。

　機能文法の立場からは、当然、使用域に応じた差異が重視されます。そして大事なことは、**日常会話とアカデミック・ライティングでは、言語使用の目的が大いに異なるので、単に使用する語彙が違うだけではなく、使用する文法構造も違う**ということです。効果的な論説文を書くためには、高級な語彙を使うだけではなく、論説文にふさわしい文法構造を駆使する必要があります。そして、**名詞構文は、論説文にふさわしい文法構造の代表的な例**なのです。

◆会話と論文を分かつもの：複雑な名詞句

　具体例を見ていくことにしましょう。
　以下の事例は、典型的な論説文ですが、これは会話とは、どのように異なるでしょう。ヒントとなる部分に下線部を引いておきました。

　　Many astronomers now believe that the radio sources inside quasars are <u>objects known as black holes</u>. <u>The existence of black holes</u> is more or less taken for granted by many astronomers, although no one has ever seen one. Black holes, if they exist, are in fact invisible!

　　A black hole, according to the theory, is <u>the result of matter that has been super-compressed</u>. For example, if the sun were compressed from its present diameter of 1,390,000 km down to a diameter of just 6km, it would become a black hole. <u>The gravitational attraction of such a heavy object</u> would be so great that nothing, *not even light*, could escape from it.（Schleppegrell 2004, p. 62 に引用されている中学生用の科学教科書からの抜粋。下線は筆者による）

今ではクエーサーの中の電波源は<u>ブラックホールとして知られる物体</u>だと思っている天文学者も多い。<u>ブラックホールの存在</u>は、多くの天文学者も、誰一人それを見たことはないのに、多かれ少なかれ、当たり前のことと認識している。ブラックホールは、もし存在したとすれば、実際、見ることのできないものである。

　理論上、ブラックホールは、<u>物質が超圧縮されてできたもの</u>である。たとえば、もし太陽が現在の直径 1,390,000km から、たった 6km に圧縮されたとすると、それはブラックホールとなるであろう。<u>そのような重い物体の引力</u>はあまりにも大きいので、何一つ逃れることはできず、光でさえも逃れることができないようなものとなるであろう。

　下線部分から明らかなように、**論説文は、長くて複雑な名詞句を使うのが最大の特徴**です。たとえば名詞の後に、前置詞を使ったり（the result <u>of</u> matter）、分詞を使ったり（objects <u>known as black holes</u>）、関係詞を使ったり（matter <u>that has been super-compressed</u>）して、名詞に説明を付け加えていますが、こうした後置修飾は会話では比較的珍しい現象です。コーパス研究を利用した『ロングマン英文法（*Longman Grammar of Spoken and Written English*）』（Biber, Johansson, Leech, Conrad, & Finegan 1999）によれば、会話では名詞に何も修飾語句をつけないで使用することが最も普通です。何らかの修飾語句を持つのは、たかだか 15％程度だそうです。ところが、それに対して**アカデミックな文章では、名詞句の 60％が修飾語句を伴う**というから、歴然とした差があります。ちなみに、**その 60％の半分程度は後置修飾を伴うもの**だそうです。

　さらに、The existence of black holes「ブラックホールの存在」と The gravitational attraction of such a heavy object「そのような重い物体の引力」という二つの名詞句で文が始まっていることに注目してください。これが名詞構文の典型的な事例です。前文で提示された旧情報をコンパクトに名詞にまとめて主語として使用し、そこに新しい情報を付け

加えていく。そういう便利な使い方ができるのが名詞構文であり、この便利さゆえに多用されます。**名詞構文のおかげで、旧情報から新情報というスムーズな情報の流れを作ることができる**のです。

アカデミックな英文を書きたいときには、**前文の情報を一つの名詞に押し込めて提示し、そこから次の文を始める**というコツを知っておくと重宝します。文で言いたくなるところを、グッとこらえて同じ情報を一つの名詞句の中に押し込めるのです。

◆名詞構文の練習（理解）

江川泰一郎『英文法解説』には、ズバリ名詞構文の本質をついた解説があります。江川先生の言葉を借りれば、「**大切なのは、『名詞構文の名詞はその周辺の語句を含めて、実質的には1つの文に相当する』という認識を持つこと**」(p. 36) なのです。

だから、**英文を理解するときには、名詞を文に読みほどく**と、日本人にはずいぶんと理解しやすくなります。江川先生の集めた例文をいくつか拝借して例示してみましょう。

> Her knowledge of German gave her an advantage over the other girls.

直訳は、「彼女のドイツ語の知識は、彼女に他の女の子よりも有利な点を与えた」ですが、Her knowledge of German という名詞が、She knew German という一つの文に相当することが見抜ければ、「彼女はドイツ語を知っていたので、他の女の子よりも有利だった」と読み解けます。

具体的には、以下のような手順を経るといいでしょう。

1. 名詞句の中核を成している言葉を元の動詞に戻す（knowledge ⇒ know）
2. 「〜が」や「〜を」など必要な要素を、周辺の語句（所有格、of な

どの前置詞句、不定詞など）の中に探して、隠れた文を完成させる（Her が「彼女が」に当たり、of German が「ドイツ語を」に相当する）
3. 名詞句を文のように訳出する（「彼女はドイツ語を知っていたので……」）

次のような文は、どうでしょうか。多くの高校生が必ず誤訳する英文です。

On my entrance into the room, the students stopped chattering.

On my entrance into the room は、「私の部屋の入口で」ではありません。まずは、entrance を enter と元の動詞に戻します。そうすると、my が主語に当たり「私が」という意味で、into the room と合わせれば「私が部屋に入るとすぐに」という意味だとわかります（この on は、場所ではなく時間的接触を示します）。「私が部屋に入ると、生徒たちはすぐにお喋りをやめた」のですね。「私」は、おそらく教員でしょう。

His failure to fulfill his promise made the voters suspicious.

「約束を実行するための彼の失敗は、有権者を懐疑的にした」などという壊滅的な和訳をしてはいけません。failure を fail という元の動詞に戻せば、His が主語に当たり「彼が fail したんだな」とわかります。そして fail to do「〜しない」という fail の使い方を知っていれば、His failure to fulfill his promise という名詞句は、He failed to fulfill his promise「彼は公約を実行しなかった」という1文に相当することがわかるでしょう。「彼は公約を実行しなかったので、有権者の疑惑を招いた」のですね。

こうした事例と同様に、先ほどの引用にあった the existence of black holes という名詞句の背後には、black holes exist「ブラックホールが存

在する」という文が隠れています。また、the gravitational attraction of such a heavy object というフレーズも「そういう重たい物体が、引力 (gravitation) によって、他の物体を引き付ける (attract)」ことだなとわかります。

　大学受験で読解問題として出題される英文は、アカデミックな文章が多いので、その特徴である**名詞構文を理解し、正しく読み解けることは合否の要になる**と言っても過言ではありません。

　たとえば、教育と民主主義の関係を論じた文章の中で、以下のような英文を目にしたことがあります。

> <u>The survival of a democracy</u> depends upon <u>the intelligent participation of all its citizens</u>.

　学生の訳としてありがちなのは、「民主主義の生存は、その市民の知的な参加次第だ」でしょう。しかし、まず a democracy は a がついているので、民主主義という抽象名詞ではなく、「民主主義国家」です。そして、the survival of a democracy という名詞句は、a democracy survives という文に相当し、the intelligent participation of all its citizens は、all its citizens participate intelligently という文に相当します。これを踏まえて訳すと、「民主主義国家が生き残っていくかどうかは、その国に暮らす市民全てが知性的に政治に参加するかどうか次第である」といったところでしょう。**名詞句をパッと文に読み解けるかどうかが鍵**です。

　ちなみに、第二次大戦期のイギリス首相ウィンストン・チャーチル (Winston Churchill, 1874-1965) は、「民主主義というのは、最悪の政治形態である。これまでに試されてきたほかの全ての政治形態を除けばの話だが（democracy is the worst form of government except all the others that have been tried）」と言ったそうです。まことに民主主義が健全に機能するかどうかは、市民が自らの頭を使って政治に参加するかどうか次第と言うべきでしょう。だからこそ、民主主義国家では、教育が

重要となるのです。
　最後に、これは私が雑誌の *Time* から拾った例です。「父であるということ（Fatherhood）」という記事でした。

> Today's fathers aren't the men their own fathers were. The new fathers are creating a new ideal of masculinity. <u>The emerging and evolving norms of fatherhood and masculinity</u> challenge men to be a different kind of guy. (*Time*, 2007, November 26)

今日の父親たちは、彼らの父親のような男たちではない。この新世代の父親たちは、新しい男性理想像を作り出しつつあるのだ。<u>新たな父親像と男性像が出現し発達しつつあるので</u>、男性たちは以前とは違う種類の人間になるという難題を突き付けられている。

　下線部の名詞句の背後には、the norms of fatherhood and masculinity are emerging and evolving という文が潜んでいるので、そのように訳しておきました。

◆名詞構文の練習（産出）
　上で挙げた最後の例は、一文を越えた**談話（discourse）レベルでの名詞構文の機能**を表しています。すなわち、**前文で提示された旧情報を名詞としてまとめ、それを新たな文の出発点として、そこに新しい情報を付け足していく**のです。あるいは、もっと大きく、前の段落全体の内容を簡潔に一つの名詞句にまとめてしまい、それを出発点として提示して次の段落の最初の一文を始めることもよくあります。このコツを覚えると、書く英語がグッとアカデミックになります。
　たとえば、外国語教育についてのレポートを書いているとしましょう。前の段落では「文法は外国語学習では重要な役目を果たす」という主旨のことを述べていましたが、新しい段落では、それを踏まえて、「文法教育を日本の英語教育でも復権させるべきだ」という主張を述べたいとします。このとき、because grammar plays an important role in foreign

language learning「文法は外国語学習において重要な役割を果たすので」と書き始めるのではなく、given this important role of grammar in foreign language learning「この外国語学習における文法の重要な役割を鑑みるに」と書き始めるのです。

> Given this important role of grammar in foreign language learning, it seems reasonable to reevaluate grammar instruction in Japan.
> こうした外国語教育における文法の役割を鑑みるに、日本でも文法教育を見直すことは妥当のように思われる。

あるいは、前の段落とは逆接の関係にあることを述べたいときは、although it is important to teach grammar ではなく、despite the importance of teaching grammar と書いて、「文法教育は軽視され続けている」と主文を続けます。

> Despite the importance of teaching grammar, the role of grammar as a means of learning English has been ignored.
> 文法教育の重要性に反して、英語学習の手段としての文法の役割は無視され続けてきた。

because という接続詞（後に続くのは主語・述語動詞のある文）を使いたくなるところを、given ...「〜を鑑みると」や due to...「〜のために」といった前置詞（後に続くのは名詞）で言い換える。although...「〜だけれども」という接続詞で書きたくなるところを、despite...「〜にも関わらず」という前置詞に変えてみたりする。これはレポートでお手軽にカッコつける手段の一つなので、覚えておくと便利です。

大学のライティングの授業などでは、英文レポートを書くコツとして、「つなぎ言葉（transition）」を使うべしと教わります。and/but/so「そして・しかし・だから」などの会話的な接続詞ではなく、もっとお堅い furthermore/however/therefore「さらに・しかしながら・それゆえに」

といった論理接続の副詞（logical connector）を使うように言われます。

これはこれで有益なアドバイスなのですが、さらに一歩踏み込んで、旧情報を名詞に押し込めて主語として使ったり、despite や given/due to などの前置詞と一緒に使ったりすることで、それまでの要約をしつつ、新しい情報をわかりやすく提示するというコツも教えたいところです。**名詞構文は、アカデミック・ライティングで、旧情報と新情報をスムーズに連結するための便利な道具**なのです。

ただし、このコツを利用するためには、動詞や形容詞を名詞に変えなければなりません（exist ⇒ existence、important ⇒ importance など）ので、派生語の知識は必須です。品詞の知識は、やはり重要なのです。

◆アカデミックな書き方

先日読んだ論文に、いかにもアカデミックな書き方だなあという例がありましたので、それを引用しておきます。「訳は、大学の研究者には軽視されてきたが、現実の教室の中では有効な手段として使われ続けてきた」ということを述べた後の段落の最初の一文です。

> Given <u>this widespread, continuing and persistent use of translation in learning and teaching</u>, one might reasonably have expected the SLA [second language acquisition] research community, devoted as it is to the rigorous and objective investigation of all routes to success (however counter-intuitive or bizarre) to have turned its attention to whether and to what degree, for whom and in what circumstances, translation might aid acquisition. (Cook 2007, p. 397)

このように訳というものが学習と教育において広く、継続して、反対にあっても弱まることなく使われてきたことを鑑みるに、第二言語習得研究者たちは、成功へのすべての道程を（どれだけ直観に反していても、奇抜なものであっても）徹底的かつ客観的に調査することにまことに情熱を傾けているのだから、はたして訳が言語習得を促進する可能性があるのか、またどの程度、どのよ

うな学習者にとって、どのような環境下でのことなのかということについても、関心を払ってきたと思ってしまったとしても無理はないだろう。

　下線部が、名詞構文の事例ですが、全段落の内容を簡潔にまとめて、新しい議論の出発点を提供しています。この後、「しかしながら、驚くべきことに、そのような研究は現時点に至るまでまったくないのだ」と続きます。
　この引用が示すように、英文法同様、訳という作業（英文和訳と和文英訳）も不当に軽視されてきた印象がありますが、そのような白眼視を正当化するような研究はありません（Cook 2010 も参照）。文法訳読と言えば、受験英語の代名詞であり、日本英語教育界の「悪玉」ですが、それは本当に正しい評価なのでしょうか。

◆受験英語擁護論
　受験英語は今日では「何の役にも立たない」ものとして悪名高いですが、受験英語の英文解釈の訓練を受けずして、上に引用したような学術的な英文が正確に読めるようになるとは、私にはどうしても思えません。別に日本人の英語学習者全員が文法訳読による英文解釈の訓練を受けなければならないとは思いませんが、**少なくとも学術的な関心があり、学術論文を正確に読むことが仕事の前提となる人たちは、受験英語の洗礼を受けるべき**だと思います。
　「洗礼」という言葉を使ったのは、誇張でも何でもなく、受験英語に耐え抜いて、アカデミックな英文を正確に読み解き、さらにはそのような英文を自ら書く技術を身につけたとき、人間の知能は新たなものに生まれ変わると思っているからです。少なくとも私は、そういう実感を持ちました。**受験英語を通して、母語とは全く異なる言語の知識体系を意識的に学習したとき、知能が別種のものに変わった**なと思うのです（富田 2012a, 2012b; 渡部 1983b）。アカデミックな文章の読み書きを意識的に学習することは、日常会話の練習とは違って、知能を鍛えてくれる。

私が受験英語を弁護するのは、ひとえにこの知能訓練としての側面を看過できないからです。学校英語を日常会話一色にしてしまうことに抵抗を抱く理由でもあります。

◆日常会話とアカデミックな文章の差
　日常会話とアカデミックな文章の読み書きは別物です。
　日常会話では、you や I や we などの人称代名詞を主語として使い、名詞には何の修飾語句もつけず、短い節を作り出し、そうして作り出した節を and や so や but などの接続詞を多用してつなげるのが普通です。たとえば、雨が降ってピクニックが中止になったとき、It rained hard on that day, so we cancelled the picnic, but, you know, we'd planned it for weeks. 「その日は雨がすごい降ってさ、ピクニックは中止にしたんだ。何週間も計画してたのになあ」などと言うのです。
　同じ内容を言うのでも、アカデミックな文章では、別の「姿」を取ります。The heavy rain ruined the picnic which we had planned for weeks.「激しい雨のせいで、何週間も計画してきたピクニックが台無しになってしまった」という英文は、「意」は同じでも、「姿」としては別物なのです。
　使用される名詞句は、内容のある語と修飾語句が組み合わさった複雑なものとなり、人称代名詞が主語となることは珍しいものとなります。and や but や so といった接続詞を使って文と文を並べるよりは、その文で表す内容を名詞に押し込めて、動詞や前置詞を使って名詞をつなげることで、出来事や事象間の関係性を示します。たとえば、上記の例文では、it rained hard という文が the heavy rain という名詞になり、we'd planned the picnic for weeks という文は、the picnic which we had planned for weeks という長い名詞句になっています。そして、この二つの事象の間にある関係は、会話体では so や but という接続詞で表されていましたが、動詞の ruin によって取って代わられています。
　どちらが自然かと言えば、それは日常会話の方でしょう。そこでは、ものは名詞として、出来事は動詞として、状況は副詞として現れ、要素

同士の関係は接続詞が示します。こういう日常会話的な言語の使い方のことを、機能言語学者は、「**整合表現（congruent expressions）**」と呼びます。話者の直観と言語の形が一致しているからです。「見たまま、聞いたまま、感じたまま」を、そのまま言語化したものと言えます。

ところが、アカデミックな文章で多用されるのは、「整合表現」ではなく、名詞化などの文法的操作を駆使した**不整合表現（incongruent expressions）**」なのです。本章で紹介してきた名詞構文というのは、話者の直感とは反する「不自然な」表現形式とも言えます（Schleppegrell 2004）。

会話では整合表現を使うのが普通で、**アカデミックな文章では不整合表現**を使うのが普通。つまり、日常会話とアカデミックな文章では、有標・無標が入れ替わるということです。

- 日常会話
  ➤ 整合表現が無標で、不整合表現が有標
- アカデミックな文章
  ➤ 不整合表現が無標で、整合表現が有標

つまり、**それぞれの使用域において無標の表現形式がある**のです。自分がどの使用域において言語を使っているのかを意識して、その使用域に応じた無標の表現形式を選ぶと、効果的な言語使用となります。反対に有標な表現形式を使えば、悪目立ちしてしまうでしょう。会話ならば滑稽な印象を与えるでしょうし、アカデミックな文章では幼稚だと受け取られるでしょう。

◆**知的訓練としての言語教育**

たとえば、the invention of the telephone などと、出来事を動詞で示すのではなく、わざわざその動詞を名詞化して表すというのは、日常会話的な観点からは典型的とは言い難い表現の型です。

しかし、**こうした不自然な表現形式を使える能力こそが、学校という**

公的な場で効果的な文章を紡ぎ出すためには必要不可欠なのです。そして、**こうした不自然な表現形式を意識的な学習を通して習得することによって、人間の知能は飛躍的な発達を遂げる**と私は思います。その発達は、事前事後の差の大きさから言っても、ある種の「大跳躍（quantum leap）」と言って差し支えないものでしょう。

　事実、英語の散文の発達を歴史的に検証してみると、名詞構文などの不整合表現が多用されるようになったのは、17世紀末だそうです（安井 2012）。これは、イギリスにおいて科学が急速に発達していた時期と重なります。これは偶然ではなく、**科学の発達に合わせて、抽象的な事象を自由かつ精密に表現できる言語形式が多用されるようになった**と考えて差し支えないと思います。そして、そうして文法的操作を加えた抽象的な言語を駆使することによって、イギリス人の知能は、さらに鍛えられていったのではないでしょうか。

　受験英語に読解問題として出題されるものは、そのほとんどがアカデミックな文章です。確かに難解かもしれませんし、不自然かもしれません。しかし、**不自然なものだからこそ、その習得には人間の知能を鍛える側面がある**ことを私たちは覚えておくべきです。

　学問では抽象概念とその相互の関係を表す必要があります。そのためには、文法的操作を加えた抽象表現がどうしても必要になります。その代表例が本章で取り上げた名詞構文なのです。

◆「姿」を似せるべし

　本章では、**同じ意味を表すのにも、日常会話とアカデミックな論説文では異なった表現形式を使用する**ということを検証しました。アカデミックな文章では、名詞構文を代表とする、日常会話ではあまりお目にかからないような形をあえて使うのです。

　同じことを言う場合でも、どのように言葉を紡ぎだすか。それが言葉が効果的に機能するかどうかの決め手なのです。「意」を気にしない人はいないでしょうが、特に**正式な書き英語を求められる状況では、自分の作り出す英文の「姿」にも気を遣うべき**です。達人の達人たる所以は、

「姿」にこそあるのです。達人の「姿」に似せるためには、意識的な学習が必要不可欠ですが、それは英語力と同時に知能を鍛えてくれるものですから、張り切って学習することをお勧めします。

文献案内

* 江川泰一郎（1991）『英文法解説』金子書房
  ➢ 数ある英文法書の中でも飛びっきりの名著です。ぜひ買って手元に置くことをお勧めします。バランスの取れた記述に、著者の洞察に基づく解説が続いています。本章で紹介した通り、名詞構文についての最も便利な解説があります（§22〜§26）。
* 安西徹雄（1983）『英語の発想―翻訳の現場から』講談社（講談社現代新書）
  ➢ この新書も名詞構文の理解に有益です。名詞構文に限らず、英語を日本語に翻訳する際のコツを解説しながら、英語と日本語を比較し、その対照的な発想の差を論じています。著者である安西先生には、上智大学在籍時にシェイクスピアを教えていただきました。『ロミオとジュリエット』の有名なバルコニー・シーンの見事な朗読が今でも鮮明に記憶に残っています。
* Schleppegrell, M. J. (2004). *The Language of Schooling: A Functional Linguistics Perspective*. Routledge.
  ➢ アカデミック・ライティングと日常会話の差異については、この本を参考にしました（特に第3章 "Linguistic Features of Academic Registers"）。機能文法の立場から、学校で求められる書き言葉の特徴を日常会話と比較して論じています。
* Biber, D., Johansson, S., Leech, G., Conrad, S., Finegan, E. (1999). *Longman Grammar of Spoken and Written English*. Pearson.
  ➢ 随所で言及していますが、使用域ごとの差異を詳しく知りたい場合には、この文法書が最適です。コーパスを利用して、「会話」「小説」「新聞」「論説」の四つの使用域の差を詳細に記述しています。コーパス言語学の精華にして金字塔と言うべきでしょう。

コラム③ contrastive rhetoric

アカデミック・ライティングにふさわしい「姿」があるというのは、何も一文単位だけの話だけではありません。文章の構成自体にも、ふさわしい「姿」というものがあります。それを専門家はレトリック（修辞学）と呼びます。

カプラン（Robert B. Kaplan）という学者が、1966 年に「国際教育における文化的な思考パターン（Cultural Thought Patterns in Inter-Cultural Education）」という論文を発表しました。思考は言語によって影響されるという言語相対説（提唱した 2 人の学者の名前を取ってサピア＝ウォーフの仮説と呼ばれます→コラム⑧）を敷衍して、英語文化圏とその他の文化圏には、それぞれ特有の思考パターンがあり、それが文章の構成の仕方にも現れているという内容の論文です。

カプランは、それぞれの文化圏出身者の作文を比較して、下の図のような傾向が認められると言っています。

英語は一直線です。それに対して、日本人などの東洋人は、グルグルと回りくどい説得の仕方をすることが多いのだそうです。言われてみると、思い当たることもあるのではないでしょうか。Get to the point!「要点を言え！」という言い回しがありますが、英語文化圏のアカデミアでは、論文でも口頭発表でも要点をズバッと言って、後からそれを具体的な事例や理由で裏付けていく形式が好まれます。

こうした「対照修辞学（contrastive rhetoric）」については、批判もあります（Kubota & Lehner 2004）。一つには、過度の一般化を責めるものです。つまり英語文化圏といっても、必ずしも一直線型の論理展開ばかりではないというのです。確かに、英語話者も、時と場合によっ

English　　Semitic　　Oriental　　Romance　　Russian

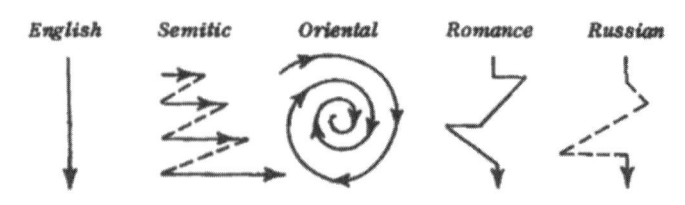

(Kaplan 1966 より)

て（つまり使用域に応じて）様々なレトリックの型を使用します。また、一直線型のレトリックの方が絶対的に優れたものというわけでもありません。一直線型一辺倒の随筆は味気なくて、つまらないでしょう。文章の「良さ」の基準は千差万別。普遍的なものはありません。

ただし、この事実を認めたからといって、アカデミック・ライティングにおいて一直線型のレトリックが「規範」である事実は揺らぎません。また、大事なことは、こうした「規範」は、英語母語話者も大学に入って意識的に習得する「型」なので、必ずしも私たちノンネイティブを不利にしないということです。

規範英文法を習得し、文法的に正しい英文を書く。堅い言い回しや名詞構文を身につけて、文体をアカデミックにする。一直線型のレトリックを使用して、文章を構成する。これは、意識的に学習さえすれば十分に達成可能なことです。そして、英語文化圏のアカデミアで、ノンネイティブが英語話者と同等以上の立場に立つことを可能にしてくれるものです。なぜなら、上記のことができないネイティブスピーカーは、今日大学生でも決して珍しくないのですから。

学問的な観点からすれば、カプランの立論に様々な失点があることは確かですが、それは対照修辞学の教育的有効性を否定するものではありません。私は、規範英文法同様、一直線型のレトリックもアカデミック・ライティングにふさわしい「姿」として習得を勧めます。

アカデミアは、ある種の人工的な「型」を規範として定める傾向があります。リベラル派は、こうした規範は不自然かつ不当なものであり、差別を助長するものとして否定します。しかし、私は、むしろ教育次第で習得可能な規範は、現実に存在する格差を個々人が自助努力によって克服する手段として有効利用すべきだと思うのです。

リベラル派は、現在の規範を排除すれば、差別がなくなるという楽観主義のようですが、それは人間性を無視しています。現在の規範がなくなれば、別の規範が導入され、やはり人は人を差別し続けるでしょう。また、私が憤りを感じるのは、規範の撤廃を主張するリベラル派も、自分たちはその規範を身につけ

て実益を得ている立場にいることです。自分は規範による恩恵を受けておきながら、他人に同じ恩恵を与えることを否定するとは！　差別の撤廃を求めるリベラル派こそが格差を固定化しているのは皮肉な話です。

立川談志や桂枝雀は、型破りな落語で落語史にその名を残しました。しかし、二人とも若いころは、師匠の柳家小さんと桂米朝に教わった「型」を習得し、そっくりそのまま演じることができたそうです。立川談志の落語は、柳家小さんから引き継いだ型を壊し再構築したから「型破り」ですが、それが無ければ、ただの「型無し」です。談志師匠は、自分の真似をしたがる弟子を諌めて、まずは伝統的な型の習得を強制したと聞きます。

どんな領域でも、お稽古事は、まずは「型」を身につけるところから始まります。英語学習も同じだと思います。なんでも話したいように話せばいい、書きたいように書けばいい。それが最近の風潮のようですが、ちょっと考え直す必要があるように思います。規範英文法にせよ、アカデミック・ライティング特有のレトリックにせよ、「型」は私たちを縛るものではありません。努力して身につけさえすれば、むしろ自由に羽ばたくための道具となり、私たちを力づけてくれる源（empowerment）となる。私はそう思います。

04章　文型の話

◆**動詞自体に「意味」はない**

突然ですが、次の英文の意味がわかるでしょうか?

A. She blicked him something.
B. She blicked him silly.

　blick なんていう動詞、聞いたことないという方、それは当然です。もともとそんな動詞は英語にはありません。どれほど分厚い辞書を引いても、そのような動詞は出てきません。
　ところが、面白いことに、英語のネイティブスピーカーは、この動詞を知らないにも関わらず、一般的に同じような解釈をします。A を聞けば、「彼女が彼に何かをあげたんでしょ」と思い、B を聞けば、「彼女が何かをして、その結果、彼がおバカになっちゃったんだね」と思うのです（Goldberg & Casenhiser 2008）。
　英語の最大の特徴は、動詞それ自体に意味があるというよりは、文型自体に意味があるということです。文型とは、その名の通り、文の型つまり文のパターンのことですが、主語・動詞までは同じなので、要は動詞の後ろの形のことです。
　動詞自体に意味がない。そんなことを言うと、皆さんは何をバカなことを言っているんだと思うかもしれません。辞書を引けば、動詞にはちゃんと意味が記載されているじゃないか、と反論するでしょう。しかし、よくよく辞書の記載を読んでみてください。それぞれの意味の前に、[SVO] だの [SVO$_1$O$_2$] だの [SVOC] だのといった文型に関する情報が書いてありませんか? 実は、**動詞の意味を決めるのは、動詞の後の形、つまり文型**なのです。
　たとえば、get ならば [SVO] のときは「〜を手に入れる」という意味ですが、[SVOC] ならば「〜を…の状態にする」という意味です。get は、このほかにも多様な文型を取ることで有名です。その便利さから、ネイティブスピーカーが会話で最も多用する動詞ですが、私たち日本人学習者にとっては鬼門です。たとえば、話し手が I got... とだけ言って、そ

のあと言葉を選んでいる間、聞き手は、その get の意味を決定できません。その get が「〜を手に入れる」という意味なのか、それとも「〜になる」なのか、あるいは誰かに何かをさせたのか……こうした判断は動詞の後の形を聞くまで保留するしかないのです。

　文型が動詞の意味を決め、文全体の基本的な意味を決定づけるということを理解すると、英語力は格段に伸びます。本章では、文型による分析がいかに英語という言語の理解にとって大事なことなのかを明らかにしたいと思います。

◆構文文法

　ゴールドバーグ (Adele E. Goldberg) という学者が**構文文法 (Construction Grammar)** という考えを提唱しています (Goldberg 1995)。

　端的には、英語には文を構成する基本的な構造が数種類あり、その構造自体に個々の動詞に影響されない意味があるという考え方です。そして、そうした構造とその意味は、人間の認識の型を反映したものだと言うのです。私たち人間には、世の中の出来事をいくつかのパターンにわけて認識する癖がある。そして、その認識のパターンがいわゆる基本文型となって現れる。だから、それぞれの文型には、共通する基本的な意味がある。つまり、文型は、世の中の出来事を人間がどのように分類して認識しているのかを表す指標なのです。これは、まさに文型の意義を正確に言い当てたものです。

　文のパターンは、人間の認識のパターンであり、それぞれ固有の意味を持つ。すなわち、文型自体に意味がある。ということは、いわゆる基本文型を使いこなせば、人間が経験し表現したいと思うような基本的な出来事は英語で表すことができるということです。

◆ 5 文型を学習する意義

　学校英語では、5 文型というものを習います。S や V や O や C といった記号を英文に書き込まされた人も多いのではないでしょうか。何で英語の授業でこんなことをやらされるのか、不思議だった人もいるかもし

れません。

　しかし、5文型が学校英語で重視されてきたのは、理由なきことではありません。品詞（＝言葉の種類）を手掛かりにして、言葉に役割（＝主語、述語、目的語、補語、修飾語）を割り振っていき、文のパターンを判断する。これができないと、動詞の意味が判別できず、英文の意味が正確に理解できません。**英語という言語においては、文の意味を決めるのは文型**なのです。あるいは、英文を自分で作り出すときも、基本文型さえ使いこなせれば、人間の経験することは大体表せるのです。

◆5文型の復習

　読者の皆さんも中高で習ったこととは思いますが、ここで一応5文型をおさらいしておきましょう。繰り返しますが、大事なことは、**どのような動詞が使われるかに関係なく、文型自体に共通の基本的な意味がある**ということです。

①主語（S）＋動詞（V）＋修飾語（M）（前置詞句など）
  ➤ 文型の意味：「〜が…に存在する」、「〜が…へ移動する」、「〜が…に対して働きかける」
  ➤ 「ものや人がどこそこにある・どこそこへ移動する」ということを表したいときに使う形です。あるいは、「ものや人が何かに対して働きかける（直接的影響は及ぼさない）」という意味です。
  ➤ I live in Tokyo.「私は東京に住んでいます」
  ➤ I went to San Francisco.「私はサンフランシスコへ行きました」
  ➤ He kicked at the ball.「彼はボール目がけて蹴った（ただし空振り）」

②主語（S）＋動詞（V）＋補語（C）
  ➤ 文型の意味：「〜が…である」
  ➤ ものや人に対して説明を付け加えたいときに使う形です。主語を説明する要素を動詞の後に付け加えるわけです。

- I am a cat.「吾輩は猫である」
- be動詞がこの文型で使用される代表的な動詞ですので、「S＝C」がこの文型に共通する基本的な意味です。
- そこに変化のニュアンスをつけ加えれば、「～が…になる」（becomeやgetなど）ですし、反対に変化しないというニュアンスを付け加えれば、「～が…のままだ」（remainなど）という意味になります。
- 確定的に言いたくなければ、「～が…のようだ（…のように見える・聞こえる・感じる）」というニュアンスを付け加えるために、動詞を変えます（seem, look, sound, smell, taste, feelなど）。

③主語（S）＋動詞（V）＋目的語（O）
- 文型の意味：「～が…に対して動作を行い、影響を与える」
- 「主語が何らかの行為を行って、その行為を目的語で表されるものが受け取り、影響を受ける」という出来事を表します。英語で最も多用される文型です。最も英語らしい認識の型を表していると言えます。誰かが何かを行うと、何かがその影響を受ける。英語話者はそういう風に出来事を分析する癖があるようです。
- I love you.「愛しています」

④主語（S）＋動詞（V）＋間接目的語（O_1）＋直接目的語（O_2）
- 文型の意味：「～が O_1 に O_2 を与える（＋ O_1 は O_2 を受け取る）」
- give が最も代表的な動詞です。「与える」だけではなくて、その結果「受け取る」というところまで表すのが普通です。
- She gave me a kiss.「彼女は私にキスをした」

⑤主語（S）＋動詞（V）＋目的語（O）＋補語（C）
- この文型には、大きく分けて、二つの基本的な意味があります。
- 一つは、「OがCだと認識・知覚する（思う・知る）」。たとえば、I always considered myself a strong man.「私はいつも自分は強い人間だと思っていた」などです。

- もう一つの意味は、「Sが原因となって、OがCになる」というものです。たとえば、She kissed me unconscious. という英文は、「彼女にキスされて、私は意識を失ってしまった」という意味になります。
- 「OがC」という風に目的語と補語を一つのカタマリとして考える（小さな文のようなものが埋め込まれている）と理解しやすくなります。

◆品詞と文型

品詞と文型こそが、まさに伝統文法の精髄です。品詞は言葉の種類分けであり、文型は文のパターンの分類です。**適切な名詞を主語として使い、動詞を続ける。そして、そのあとは、使った動詞と表したい出来事の種類に応じて、文型を使い分ける。実は、これだけできれば、英語によるコミュニケーションができてしまう**のです。

こんなに有用なものがなぜ「役に立たない」などと言われてしまうのか、私は理解に苦しみます。現在、日本では官民挙げて英語によるコミュニケーション能力の育成に血眼になっています。私はこれを一種の狂気だと思いますが、もしそれほどまでに英語によるコミュニケーション能力を育成したければ、品詞と文型に精通させることが一番の近道でしょう。

◆文型に意味がある

たとえば、以下の文は、いずれも同じ kick という動詞を使っていますが、それぞれ文型が違うので、表している出来事の種類が異なります。

1. Pat kicked at the football.
   パットはサッカーボールを目がけて蹴った（けれども、実際には当たらなかった）。
2. Pat kicked the football into the stadium.
   パットは、サッカーボールをスタジアムに蹴りこんだ。

3. Pat kicked Bob the football.
   パットは、ボブにサッカーボールを蹴って渡した。
4. Pat kicked Bob black and blue.
   パットが蹴ったので、ボブは痣（あざ）で青黒くなった。

　kick という同じ動詞が多用な文型を取り、その文型ごとに異なる意味がある。辞書を見ていると、そういう認識を抱いてしまいがちです。それはそれで間違いではありませんが、そのように説明するよりは、**それぞれの文型に固有の意味がある**と考えた方がスッキリします。文型によって基本的な意味の枠、すなわち出来事の種類が設定される。その枠に kick という動詞の意味「足で蹴る」が統合されているのです。図式化すれば、「**英文の意味＝文型の意味＋動詞の意味**」ということです。

　たとえば、Pat kicked Bob black and blue. という文を見てみましょう。kick という動詞自体には、「〜を…にする」という「結果」の意味はありません。「結果」の意味を生み出すのは、動詞それ自体ではなく、動詞＋目的語＋補語という文型なのです。

　あるいは、Pat kicked Bob the football. という文でも、kick という動詞自体に「〜に…を渡す」という「譲渡」の意味があるわけではありません。その意味を生み出すのは、動詞＋間接目的語＋直接目的語という文型なのです。

　動詞＋ at という文型は、単なる「働きかけ（conative: attempted action）」を表します。Pat kicked at the football という文の場合は、at という前置詞を挟み込むことによって、蹴るという動作が実際にはボールに影響を及ぼさなかったことを表すわけです。ボールを実際に蹴って動かした場合は、動詞＋目的語という文型を選択します（Pat kicked the football into the stadium.）。

◆5 文型の活用法

　要は、**頭の中にある表現したい出来事のイメージに応じて、文型を選択**していけばいいのです。つまり、英文を作り出す基本手順は以下のよ

うなものなのです。

1. 表現したい出来事の主人公を思い浮かべて、その主人公を表す名詞を主語にする。
   ➢ Pat...
2. その主語が行った動作のイメージに合う動詞を選択して述語動詞にする。
   ➢ Pat kicked...
3. 表したい出来事の種類に応じて、動詞の後ろの形、すなわち文型を選択する。
   ➢ Pat kicked at the ball. （働きかけ）
   ➢ Pat kicked the ball into the stadium. （影響を及ぼす動作）
   ➢ Pat kicked Bob the football. （譲渡）
   ➢ Pat kicked Bob black and blue. （結果）

この一連の作業ができれば、少なくとも単文レベルにおいては、意味のある英文が作り出せます。

英文を理解する場合も、同様です。主語を把握して、出来事の主人公をつかむ。述語動詞からそれが何をしたのかを理解する。続く文型から、出来事の種類を把握する。これで英文の基本的な意味は理解できます。**たとえ、動詞を知らなくても、文型判断さえできれば、文の意味は推測できます。**

つまり、すでに述べたように、**品詞と文型に精通すれば、英語によるコミュニケーションができる**のです。

◆5文型批判

ところが、5文型の評判は必ずしも良くありません。学校英語はとかくバカにされることの多い代物ですが、とりわけ5文型は不当な批判にさらされてきました。

たとえば、池上嘉彦先生は、『英文法を考える』という本の中で、5

文型を批判しています。5文型による分析では、副詞句が名詞句や形容詞句と違って文の構成要素として考えられていないことを問題視して、次のように言います。

> この考え方［5文型の考え方］では、＜名詞句＞や＜形容詞句＞として表現されていると正当な文構成要素（S, O, C）として認定されるが、同じ程度に文の構成に欠かせない要素であっても＜副詞句＞として表現されていると、一切無視してしまう……（池上 1995, p. 30）

なるほど、この指摘は学問的には正しいものです。以下の英文において下線を引いた「前置詞＋名詞」は、5文型による分析では副詞句、つまり修飾語という扱いを受けます。

He went to the station.
彼は、その駅に行った。
He looked at the girl.
彼は、その女の子を見た。

修飾語というのは、お飾りの言葉という意味ですから、要はオマケの言葉という意味です。ところが、池上先生の指摘する通り、こうした前置詞は、文を成立させるのに不可欠な要素です。*He went や *He looked などといった文は、文として成立しない非文になってしまいます（アスタリスクは、文が非文であることを示す記号です）。

◆5文型の起源

しかし、私は、こうした批判を聞くにつけ、一英語教師として、学者の無意識の傲慢さに溜息をつきたくなってしまうのです。学者には、どうも学問的に正しいことがすべてに優先すると考える癖があるようですが、**学問と教育を混同すべきではありません。学問的に正しいことが教**

育的に妥当であるとは限らないからです。

　そもそも5文型というのは、起源からして学問的なものではありません。あくまでも教育上の便宜的な手段として考えられたものなのです。

　5文型の起源は、オニオンズ（C. T. Onions）の『上級英文法』（*An Advanced English Syntax*, 1904）とする説が一般に受け入れられていますが、実は違います。宮脇正孝氏の論考（宮脇 2012）によれば、クーパー（A. J. Cooper）とゾンネンシャイン（E. A. Sonnenschein）が書いた『学校のための英文法』（*An English Grammar for Schools*, 1889）が5文型の源流です。オニオンズは、師匠であるゾンネンシャインからの依頼を受けて、同書の姉妹版・上級編として『上級英文法』を書いたのです。

　『学校のための英文法』は、その名の示す通り、教育のための文法書でした。宮脇氏は、5文型の起源を以下のように明快に解き明かしています。

> 文法教育における用語の不統一を是正するために Sonnenschein が中心となってバーミンガムを拠点に文法協会が設立され、その活動の成果として、並行文法シリーズが出版された。このシリーズは、学校で教えられる諸言語すべての文法を統一的な用語と枠組みを使って提示することを企図したものであり、この枠組みの中で述部の5形式が採用されたのである。……<u>5文型の原型である「述部の5形式」は、学校教育で用いる文法用語の簡素化と統一を目的として設立された文法協会が、文分析の枠組みの一つの柱として考案したものである</u>。（宮脇 2012, p. 451, p. 458）（下線は筆者による）

　大事なことは、**5文型を考案した目的は、文法教育の簡素化・統一化にあった**ということです。英語という言語を教えるためには、文のパターンを五つに分けるのが簡便なので、そのように統一するのはどうでしょうか。そういう意図のもとに作られたのが5文型です。5文型の意義は、それ以上でもそれ以下でもありません。5文型の利点は、別に学問的に

正確無比な言語分析ではありません。最初から、そんなことを目的としたものではないのです。あくまでも英語学習上、最も便利な分析法であるというだけのことです。

◆5文型批判に答える

　池上先生は、不十分な5文型を採用しているのはもはや日本だけであると非難し、海外の文法書（Quirk, Greenbaum, Leech & Svartvik 1985）にならって、SVAとSVOAという二つの型を加えた7文型を採用した方が正確な分析ができると言います。Aは、Adverbial（副詞類）の略号で、文を構成する要素として不可欠な副詞句を指します。これに従えば、たとえば、He lives in New York. はSVAとなり、She put the picture on the desk. はSVOAとなります。

　しかし、ある現象が日本唯一のものであるからといって、それを遅れて劣ったものであると思い込むのは、単なる欧米崇拝主義です。明治時代から欧米の文物を輸入して発展を遂げてきた日本は、いまだに「欧米＝先進」という思い込みから抜け切れていないようです。英語教育業界でも、海外のメソッドを丸飲みすれば、すべてが上手く行くような発言がいまだにありますが、私はこれに賛同できません。海外のものを参考にするのはいいのですが、日本は日本独自に日本人に合った英語教育のあり方を作り上げていくという方向にシフトしていきたいものです。日本独自の進化というガラパゴス現象は、日本人の性質に適合した形で発達したという意味では、よいことである可能性もあるのです。5文型は、細江逸記が名著『英文法汎論』（1917年）で採用して以来、先達が日本人英語学習者の便宜を考えて洗練を重ねてきたものです。廃棄するのではなく、受け継いで発展させていくべきでしょう。

　確かに7文型を採用すれば、分析は正確にはなるでしょう。しかし、一度でも現場の教壇に立ったことのある人は、文型の数を増やすという案に絶対に賛成しないでしょう。5文型でさえ苦労する学生が多いのに、さらに文型の数を増やすなどというのは、教育的観点からは荒唐無稽な提案です。

そして、実際に英語学習に関する限り、5文型による分析で困ること などあまりないのです。He lives in Tokyo. の in Tokyo を修飾語と分析 する「不正確さ」に言語学者は不満を抱くのかもしれませんが、そう分 析したからといって、実際に *He lives などという非文を作り出す学習 者はいません。常識的に考えて、「～に」という要素が必要なことはわ かるからです。むしろ、その際に、5文型を理解していれば、自動詞の live の後には in という前置詞が必要なこと（*He lives Tokyo が非文で あること）がわかるでしょう。

　また英文を理解させる上でも、前置詞＋名詞というカタマリを修飾語 として分析させることは、とても有効な手順です。修飾語を「オマケの 言葉」として処理することで、主語を発見し、文型を決定することがで きるからです。予備校で、「前置詞＋名詞や副詞をカッコの中に入れて、 主語を見つけろ、そして動詞の後の形を見極めて文型を決めろ」という ことを叩き込まれた人も多いのではないでしょうか。あれは、言語学的 には不正確でも、学習者に英文を理解させるという点では、極めて優れ た英文分析の方法なのです。

　要は、5文型というのは、英文分析の方法の中で最もバランスの取れ たものなのです。 これ以上、数を増やした場合には、学問的な精密さは 増しても、学習上の負担が大きくなりすぎます。逆に、これ以上、数を 減らすと、学びやすくはなっても、分析できない英文が増えすぎて英語 習得に支障をきたすでしょう。この二つの両極端の間の絶妙なバランス を取ったものが5文型です。

　池上先生は言語学者として発言しているのでしょうが、**5文型は「学 校のための英文法」** です。学習上の便宜的な手段が学問的な精密さに欠 けるのは、むしろ当たり前のことで、わざわざ鬼の首を取ったかのよう に指摘して悦に入る類のことではないと私は思います。

　学校現場では、学問的な精密さよりは、学習者にとって至便なものか どうかを重視すべき なのです。教育的妥当性の判断材料は、指導可能な ものかどうか、学習可能なものかどうか、実際に使うことができるもの かどうか、こういったものであるべきです（田中 2013）。そして、5文

型は、この基準を満たすものだと私は考えます。

◆英文法史に学ぶ

英語教育を考える際に、英文法史は示唆に富んでいます。**改革派の提唱する真新しい枠組みは、往々にして新しいだけで使い物にならないことが多い**ということを教えてくれるからです。たとえば、品詞の数にしても、昔は減らしたり増やしたりと革新的なことを提唱する人は多々いたのですが、結局、伝統的な8品詞の枠組みに落ち着いたのです。

> 文法の歴史を見れば、二分法やら四分法やらあったが、実際にやってみると、それでは足らず、下位区分を複雑にすることになるだけだった。そして実際に教室で使い物になるのは八品詞システムだけだったのである。(渡部 2003, p. 237)

学者というのは、仕事柄、独創的なことを言わなければなりません。何しろ、オリジナルなものでなければ、論文としては無価値だからです。しかし、伝統とは、幾世代にも渡る人間の知恵の集積です。それを越えるものを一人の人間が構築することなど、簡単にできるものではない。そういう意識を持っておくことは大事でしょう。改革を訴える人は、よほど自分の理性に自信があるのでしょうが、私は凡人を自認しますので、むしろ、伝統を受け継いでさらに洗練させていく方向に努力していった方が賢明だと思います。

新しい理論をもとに性急な改革を求める革新派は、自分の理性を絶対視して、過去の知恵を否定します。しかし、歴史を振り返ってみれば、そうして出来上がったものは、伝統的なものよりはるかに悪質であることの方が多いものです(渡部 1982, 1987)。イギリスで王様が悪いと言って、チャールズ1世の首を切ってみたら、その後出現したクロムウェル体制は、もっと質の悪い専制政治になってしまいました。フランス革命の結果も同様です。むしろ、名誉革命後のイギリスが王制を維持しながら妥協の産物として作り上げていった議員内閣制がその後の民主主義の

模範となったことは示唆に富んでいます。

　私は政治的にも保守派ですが、英語教育でも保守派を自認します。というのは、伝統を否定するのではなく、むしろその良さを認識して、漸次的な改善を施していく立場を取るからです。保守派は、きらびやかな改革を訴えないので地味ですが、現実的な施策を打ち出すのが強みです。英語教育界においても、良識的な保守派が増えることを私は望みます。

　大事なのは、良識に基づくバランス感覚です。**5文型を増やすのも減らすのも学習者にとって不親切だろうというのは、学問的な理論ではなく、一教師としての良識に基づくバランス感覚**以外の何ものでもないからです。

◆5文型の拡張

　ただし、保守派は、守旧派とイコールではありません。ただ単に昔からのものをそのまま維持していけばいいというわけではないのは当然です。品詞分類にしても、英文法の枠組みとして定着するためには、ラテン語の枠組みとは異なり、分詞を外して形容詞や冠詞を独立させる必要がありました。5文型による分析も、様々な知見を取り入れて改良していくべきでしょう。しかし、そういった**改良は、あくまでも補うもの（supplement）であって、取って代わるもの（replacement）ではない**ということも同時に強調しておきたいと思います。記述文法の新たな知見というのは、伝統的な規範文法に取って代わるものではなく、補うものなのです。

　たとえば、5文型を学んだあとに、[SVO]の発展形として、様々なバリエーションを学ぶと英語力はもっと伸びていくでしょう。たとえば、**SVOの後に方向を示す語句が来ると、一律に「～を…に動かす」という意味**になります（Goldberg 1995）。

　　Joe kicked the ball into the stadium.
　　ジョーは、ボールを蹴ってスタジアムまで動かした（ジョーは、ボールをスタジアムに蹴りこんだ）。
　　Sam helped him into the car.

サムは、彼が車の中に入るのを手伝った。
Pat sneezed the napkin off the table.
パットは、くしゃみをしてナプキンを机から飛ばした。
They laughed the poor guy out of the room.
笑われたので、その子は可哀そうなことに部屋から出て行ってしまったのだった。

たとえば、kick という動詞自体にものを動かすという意味がないことは、Joe kicked the wall「ジョーは壁を蹴った」という文から明らかです（壁は動きません！）。上の例文において、ものを動かすという意味を持っているのは、kick という動詞それ自体ではなく、「SVO＋方向を示す語句」という文型なのです。また、sneeze「くしゃみする」や laugh「笑う」は、自動詞として使うのが普通ですが、このような形で使われれば、「〜を…に動かす」という意味を持ちます。英語では、文型によって意味が付与されるからです。

あるいは、「動詞＋one's way＋方向を示す語句」という構文は、「（苦労して）〜に進む」というのが共通の基本的な意味枠です。

Sally made her way into the bathroom.
サリーは、浴室へと進んだ。
Frank dug his way out of prison.
フランクは、穴を掘って牢獄を脱出した。
Joe bought his way into the exclusive country club.
ジョーはお金を駆使して、その高級社交クラブに入った。
Passengers tried to fight their way through smoke-choked hallways to get back to their cabins to get their safety jackets.
乗客たちは、煙でいっぱいの廊下を必死に進み、客室に戻って救命着を手に取ろうとした。

こうした構文に対する知識は、確かに有益です。しかし、私は、この

事実を持って、5文型の数を増やすべきだという意見には与しません。初学者は、まずは5文型による分析を学ぶべきだと思うからです。上記のようなパターンは、5文型を学んだあとに、[SVO]のバリエーションとして学べば、それで十二分でしょう。

　1985年にロングマンから出版された英文法書（Quirk, Greenbaum, Leech & Svartvik, *A Comprehensive Grammar of the English Language*）では、7文型が採用されていました。しかし、1999年に同出版社から出た英文法書（Biber, Johansson, Leech, Conrad & Finegan, *Longman Grammar of Spoken and Written English*）では、5文型に戻っています。これは、5文型が英文分析の方法として極めて優れたものだということを表したものでしょう。実際、第1文型・第3文型・第5文型を柔軟に拡張すれば、5文型でほぼ全ての英文を問題なく分析できるのです（安井1996）。

◆**文型がわかれば、冗談もわかる**

　最後に、文型が英文の意味を決定するということを理解すると、腑に落ちる冗談を一つ紹介して、本章を締めくくりたいと思います（Yule 1998）。

　　Mary: Where did you get those flowers?
　　George: From your mother's house.
　　Mary: What! Are you crazy?
　　George: Why? It was your idea.
　　Mary: But I asked you to take her flowers.
　　George: That's what I did!

　　メアリー：その花、どうしたの？
　　ジョージ：君のお母さんの家から持ってきたんだよ。
　　メアリー：え！？　気でも狂ったの？
　　ジョージ：なんでさ？　君のアイデアじゃないか。
　　メアリー：でも、私は「お母さんにお花を持っていって（take her

81

flowers)」て、お願いしたわよね。

ジョージ：だから僕はそう（take her flowers）したんじゃないか！

　下線部は、文型判断によって二通りの解釈がありえますが、それが誤解の元になっています。「彼女に花を持っていく（take <u>her</u> <u>flowers</u>）（SVO$_1$O$_2$）」のと「彼女の花を取ってしまう（take <u>her flowers</u>）（SVO）」のでは、大違いですよね。文型は英語によるコミュニケーションに決定的な影響を及ぼすのです。

文献案内

* Adele E. Goldberg. (1995). ***Constructions: A Construction Grammar Approach to Argument Structure.*** The University of Chicago Press.
  - 構文文法については、この本が最も有名です。本章の記述と例文の多くは、同書に基づいています。
* 宮脇正孝（2012）「5 文型の源流を辿る―C. T. Onions, *An Advanced English Syntax* (1904) を越えて」『専修人文論集』90, 437-465
  - 5 文型の起源については、この論文を参照しました。5 文型の起源をオニオンズの『上級英文法』だとする定説を文献学的な証拠で覆した画期的な論文です。
* 池上嘉彦（1983）『＜英文法＞を考える』筑摩書房（ちくま学芸文庫）
  - 5 文型批判の具体例として取り上げたのは、この本です。学問的な啓蒙書としては優れた本で、一読の価値があります。
* 佐藤ヒロシ（2012）『五文型の底力』プレイス
* 富田一彦（2006）『7 日間で基礎から学びなおすカリスマ先生の英文解釈』PHP 研究所
  - 5 文型の価値を真に実感しているのは、どうも予備校の先生方のようです。5 文型を有効に利用するための指南書としては、この 2 冊を勧めておきたいと思います。著者はいずれも予備校の第一線で活躍する先生です。富田先生には、高校 3 年生のときお世話になりました。私に英語の理屈を徹底的に教えてくれた恩師です。
* 古田直肇（2014）「受験英語擁護論―5 文型の教育的妥当性について」、*Asterisk*, 23(1), 1-31.
  - 本章と同様の内容を、論文の形で発表したものです。
* 渡部昇一（1987）『アングロサクソンと日本人』新潮社（新潮選書）
  - 英語とは離れますが、イギリス史における常識の意味については、この本（特に第 4 章「理性より常識を」）を勧めます。性急な改革は、しばしば改悪であり、現状に少しずつ手を入れて地道な改善をしていく方がマシなのです。そういう良識（common sense）が、今の英語教育論には欠けているように思われます。

コラム④ 受験英語礼賛

英語では、文型によって文の意味が決まる。

私に初めてこの事実を明快に解き明かしてくれたのは、代々木ゼミナールの富田一彦先生です。富田先生は、4月の最初の授業で、get や make を使って文型の異なる五つの文を書き、文型判断を怠っては単純な文でさえ文意を正確に判断できないことを強調し、私たち受験生に5文型の重要性を教えてくれました。

その後、時が経って大学院時代に私はゴールドバーグの構文文法という考え方を知ります。その根幹を成す主張は「構造それ自体が、文の中にある単語とは関係なく、意味を持っている（constructions themselves carry meaning, independently of the words in the sentence）」（Goldberg 1995, p.1）というものです。

私はこれを読んだとき、既視感がありました。自分はこの主張をすでに聞いたことがあると思ったのです。何のことはない、高校3年生のときに代々木ゼミナールの代々木教室で富田先生から何度となく繰り返し受けていた訓示と同じ内容だったのです。

英語では、同じ文型の場合、動詞は同じ意味を持つ。動詞それ自体に意味があるというよりは、動詞の後ろの形によって動詞の意味が決定される。これは授業中に何度も何度も富田先生が強調されたことでした。私が予備校で習っていたことというのは、最先端の言語学の知見と同質の極めてハイレベルな英文分析だったのです。

日本の受験英語は、「時代遅れの役に立たない」代物として悪名高いですが、私はそうは思いません。それどころか、受験英語こそが私の英語力の根幹を作ってくれたものだというのが、私の偽らざる実感です。英語という外国語の仕組みをあれほどわかりやすく学習者に叩き込む学習システムは、世界を探しても他にないでしょう。それは、「日本人の本当に独創的な業績の最も見やすい例」（渡部・松本 1998, p. 144）であり、そこには、先人たちの知恵が凝縮した形で詰まっています。英語という言語の特質について日本人が知っ

ておくべき情報の最も手軽なパッケージなのです。

　受験英語は排斥するより、積極的に活用する方が英語の達人への近道だと思います。富田先生のような本物のプロであれば、受験英語のエッセンスだけに絞って教えてくれるはずです。そして、それは英語という言語のエッセンスでもあるのです。

　また、先人たちが日本人学習者のために作り上げてきた日本独自のものを「海外・欧米にない」という理由だけで「遅れて劣った」ものだと考えるのは、それこそ時代遅れの考え方です。たとえば、辞書史を振り返れば、日本の英和辞典の洗練度合いは、英語圏の学習者用辞典に先んじていた面も多々ありました。5文型のみならず、受験英語の見直しを求めたい所以です。日本人学習者にとっては、受験英語は海外のメソッドよりも優れた面が多々ある英語学習法だと私は考えています（江利川 2011; 斎藤 2003）。

05章　助動詞の話

◆学習者コーパス研究
　学習者コーパス研究（learner corpus research）というものがあります。
　端的には、外国語学習者つまりノンネイティブの発話データを調べて、学習者特有の傾向を洗い出すものです。このとき、ネイティブスピーカーの言語使用データと比べることも有効な手段の一つになります。比べるときは、ノンネイティブの文法的な間違いを探すというよりは、ノンネイティブがネイティブに比べて使いこなせていない部分に焦点を当てるのが普通です。ノンネイティブも上級者になってくれば、明らかな文法的間違いをすることは少なくなってきます。ところが、そのような上級者も、特定の語彙・表現や文法項目を使いすぎていたり、あるいは逆に使わなさすぎたりすることがあるのです。前者を**過剰使用**（overuse）、後者を**過少使用**（underuse）と言います。
　たとえば、ビジネスで書く手紙やeメールでは、相手に頼みごとをすることが多いと思うのですが、その頼み方をネイティブとノンネイティブで比較した研究があります（Qian 2009）。比較してみると、ある面白い傾向が読み取れたそうです。
　たとえば、以下の二つの例は、それぞれネイティブのものでしょうか、それともノンネイティブのものでしょうか？

　　A. So we <u>will</u> be grateful if your company <u>can</u> take some actions to solve them.
　　そういったわけで、もし御社がこうした問題を解決するために何らかの行動を取ってくれると、私たちはうれしく思います。
　　B. I <u>would</u> be extremely grateful if you <u>could</u> let me know what the cost will be.
　　もし費用がいくらになるのか教えていただければ、たいへんうれしく存じます。

似たような表現を使っていますが、一点だけ違いますね。

Aは現在形（will, can）を使っていますが、Bは過去形（would, could）を使っています。そして、Aがノンネイティブ、Bがネイティブの事例です。

　ノンネイティブの学習者は、上級者でさえも助動詞の過去形を使いこなせていない傾向が見て取れます。そして、助動詞の過去形を使いこなせるかどうかは、実は対話において重大な影響を及ぼします。**助動詞の過去形を適切に使えるかどうかで、表現の丁寧さが変化し、相手に与える印象が異なってくる**からです。

　そんなわけで、本章では、特に助動詞の過去形の使い方に焦点を絞って話をしたいと思います。ひょっとしたら、大事なビジネスの契約も助動詞の使い方次第ということもあるかもしれません。助動詞の使い方を間違えたせいで、大事な取引先の感情を害してしまったなんてことのないように、助動詞の使い方をマスターしておきましょう。

◆**助動詞の過去形は「過去」にあらず**

　大事なことは、助動詞の過去形に対する認識を改めることです。**would/could/might は、will/can/may の過去形と言われていますが、実は過去を示すことの方が少ないのです**。確かに過去を示すこともありますが、例外的といっても差し支えありません。might に至っては、時制の一致のために使われる事例を除けば、過去を示すことはありません。**助動詞の過去形は、「過去」を表さない**のです。

　では、**助動詞の過去形は何を表すのかと言えば、事実からの距離感**です。**過去形の本質は、「遠い」という距離感**です。話している現時点から時間的に遠ければ、いわゆる過去を示します。もう一つ大事な用法は、描写していることが事実から離れているという心理的な距離感を示すものです。「事実ではなくて、自分の頭の中で考えたことなんだけどね」という話者の心的態度を表すことができるのです。

　たとえば、人にものを頼むときに、Will you/Can you...?「〜してくれますか？」よりも、Would you/Could you...?「〜していただけますか？」の方が丁寧に聞こえるのは、後者の場合「私の勝手な想定なんですけど、

ひょっとして…」というニュアンスが出るからです。友人同士で軽い頼みごとをする場合には、Can you...? で構わないと思います（Will you..? は、やや丁寧な命令といったようなもので、横柄な印象を与えかねないので、避けた方が無難です）が、友人同士でも負担度の大きいお願いをするとき、あるいは顧客や目上の人に依頼をするときには Would you/Could you...? を使った方がよいでしょう。

　ちなみに、こうした依頼に答えるときに、Yes, I will/can. と答えることはできても、*Yes, I would/could. と答えてはいけない理由も、もうわかったことと思います。後者では、「やろうと思えばできないこともないけど……」という妙な返答になってしまうからですね。Well, I could, but...「まあ、できるといえばできるけどね……」という返答は、実質的には No と同じです。ちなみに、これは丁寧な断り方として覚えておくと便利な言い方です（but の後に言い訳を付け加える）。人に依頼されて、No, I can't「無理ですね」と答えるのは、身も蓋もない印象を与えます。たとえ気が進まないときでも、少しはオブラートに包んだ方が人間関係を壊さなくてすむでしょう。

　繰り返しますが、助動詞の過去形が時間的な過去を示すのは、むしろ例外的なので、忘れてしまった方がいいくらいです。**助動詞の過去形は、「事実からの距離感」を示す用法が圧倒的に多いのです。**

　ノンネイティブが would/could/might を使いこなすのを阻んでいる一番大きな理由は、過去形は過去を示すという思い込みでしょう。先ほど言及した研究（Qian 2009）によれば、手紙の中で依頼をするときに、ノンネイティブが一番よく使う助動詞は can であるのに対して、ネイティブが多用するのは would だそうです。could もネイティブはノンネイティブの 3 倍以上も使用し、might に関してもノンネイティブはほとんど使用していないのに、ネイティブは度々使っているとのこと。

　そして、これは書き言葉に限ったことではなく、話し言葉でも同様の傾向が見て取れます。私は、ビジネス会議のコーパスを使って、ネイティブとノンネイティブの助動詞の使い方を比べてみたことがありますが、やはり、ネイティブの方が would/could/might を多用しているのに対して、

ノンネイティブのデータでは、過少使用が認められました（Furuta 2012）。

◆助動詞の過去形は「柔軟剤」

助動詞の過去形は、「柔軟剤（softener）」とも呼ばれます。発言の力を弱めて、柔らかい響きにすることができるのです。

たとえば、依頼をするときに助動詞の過去形を使えば、押しつけがましさが緩和され、丁寧な依頼になります。ネイティブスピーカーの書いた手紙では、I would be grateful if you could...「もし～して頂ければ、嬉しく存じます」という定型表現が多用されるそうですが、このwouldとcouldは、時間的な過去を表しているわけではなく、事実からの距離感を示しているわけですね。断定的に言うのではなく、「もし差し支えなければ」くらいのニュアンスを出すことによって、柔らかい語調になります。

> I attach a copy of a contract, which I would be grateful if you could sign and return to me with the invoice for your fee.
> 契約書の写しを添付していますので、これに署名の上、お支払する料金に対する明細とともに返送して頂ければ、嬉しく存じます。

> I would be most grateful if you could cast your eyes over the script. There are some areas that seem to have gone a little awry but I'm sure we can sort them out.
> 原稿に目を通して頂ければ、たいへん嬉しく存じます。少し変になってしまったと思われる箇所もありますが、きっと解決できることと思います。

二番目の例文の最後で、I'm sure we can sort them out「きっと解決できることと思います」とありますね。この文ではcouldではなくてcanが使われていますが、ここはcouldではダメなのです。couldでは「ひょっとしたら解決できるかもしれません」という自信のない発言になってし

まうからです。I'm sure とあるのですから、ここは自信を持って can を使わなくてはいけません。

　依頼以外の場面では、**発言に助動詞の過去形を付け加えれば、「確かなことではないんだけれども（ひょっとしたら）……」という不確実性のニュアンスが出ます**。これも便利な用法なので、ぜひ覚えておいてください。

　　He's really busy now, but he <u>might</u> join us later.
　　彼は本当に忙しいのだけれども、ひょっとしたら後で来てくれるかもしれない。

　この場合、he <u>may</u> join us later ならば、まだ来てくれる可能性はありそうですが、might の場合には、その可能性は低いということになります。

　　Things <u>could</u> get worse.
　　ひょっとしたら状況が悪化する可能性もあるかもしれない。

　Things can get worse「状況が悪化する可能性もある」と言われるよりは、聞き手もドキッとしないでしょう。ちなみに、同じ「可能性」といっても、can と may では意味が異なります。can が表すのは「理論上の可能性（theoretical possibility）」ですが、may が表すのは「現実の可能性（factual possibility）」です（Leech 2004）。理屈で考えればこういうこともありうるという一般論を述べるのが can。一方、may の意味はそれよりも強く、差し迫った現実的に起こりそうなことを表すわけです。
　このように**助動詞の過去形を使うことによって、事実から遠ざかって、不確実性を表すことができる**わけです。この延長線上に、いわゆる非現実を表す仮定法があります。

　　His project is huge, but he <u>might</u> finish it one of these days.

彼の計画は壮大なものだが、いつの日か完遂できる日も来るかもしれない。(壮大すぎて現実的には完遂される日が来ることはおそらくない)

With the right tools, I could fix it myself.
必要な道具さえあれば、自分で直せるんだけど。(現実的には、道具がないので直せない)

事実からの距離感とは、起こる可能性が低いことであり、場合によっては、非現実的なことを表すことになります（仮定法についての詳細は、次の第6章で扱います）。

◆なぜ should は、「弱い義務」なのか

ちなみに、should という助動詞も歴史的には shall の過去形です。shall を未来の助動詞と勘違いしている人もいるようですが、原義に立ち返れば、本来の意味は「〜しなければならない」という義務です。たとえば、No one shall escape!「誰一人として決して逃がさぬぞ！」などと言う古臭い表現には、元の意味の残滓が感じられます。また、shall は、ドイツ語の Schuld「借金・罪・責任」という単語と同じ語源に由来します。どちらにも共通するのは、何かしら義務を負っているというイメージですね。

この shall の意味が強すぎるので、弱めるために使われたのが should という過去形です。だから、should の意味は、「〜したほうがいい」という弱い義務なのです（must が表す強制的な義務よりも弱い）。

ところが今では誰も should を「過去」形とは感じていませんし、shall とは別の助動詞として独立してしまいました。would/could/might も、すでに過去を示すものとしては使われなくなりつつあるので、同様の変化がいずれ起きるのではないかと思います。

◆ネイティブ幻想と無勝手流の間を取るバランス感覚

どうもノンネイティブは、would/could/might を「過去」形だと思い

込んでいるせいか、上級者であっても、こういった形を十分に使いこなせていないようです。結果として人に頼みごとをするときに、押しつけがましく聞こえてしまったりする場合も多いようです。

ここで読者の中には、反発を覚える方もいるかもしれません。

お前は、話し言葉に関しては、ノンネイティブはネイティブのように英語を使うことを目標としなくてもよいと言ったではないか。ノンネイティブの英語をネイティブの英語と比べて、後者を基準に前者を裁くとは、自己矛盾も甚だしいと。

しかし、これも程度問題です。

ネイティブのように英語を使うことを絶対視するネイティブ幻想（native speaker fallacy）は捨てるべきです（Cook 1999）が、それは別に洗練された表現を目指して学習することの意義を否定するものではありません。私は、話し言葉に関しては、ノンネイティブは気楽に英語を使ってもいいと思いますが、だからといって学習可能なものまで否定して拒絶する必要はありません。

私が良識的だと考える基準は、「学習可能性（learnability + usability）」です。そもそも習得が不可能なこと（完璧な発音やネイティブのような流暢さなど）は気にしなくてもいいと思いますが、努力すれば学習可能なものは学習した方が実益に適います。

たとえば、助動詞の過去形を使えば丁寧になるというルールなどは、容易に学習可能なものです。そして、そのルールを利用すれば、依頼をしたときに、お願い事を聞いてもらえる可能性が高くなるのですから、学習した方がお得でしょう。あらゆる局面でノンネイティブ独自の無勝手流を貫くのは危険ですし、実害を被りかねません。

◆「人間が主義の奴隷になるな」

あらゆる主義主張は、度を越えて適用される場合、害悪となります。百田尚樹さんの傑作小説『海賊と呼ばれた男』のモデルとなった出光石油創始者の出光佐三は、その著書の中で**「人間が主義の奴隷になるな」**と述べています。まことに慧眼だと思うので、その言葉を引用しておきます。

このような主義の争いに人間がふりまわされているのは滑稽でしかたがない。……いかなる主義にもいいところはあります。と同時に完全な主義などありませんよ。だからそれぞれの主義のいいところはとり、悪いところは捨てて活用するようにしなければならない。それをやるのは人間だということです。ところが、<u>今日では人間が主義の奴隷になっているのが実情</u>じゃないですか。（出光 1969, pp. 6-7）（下線は筆者による）

　この発言の際に、出光佐三の念頭にあったのは共産主義と資本主義の対立ですが、私は、同様のイデオロギー対立を現代の英語教育にも感じます。たとえば、最近は「英語を教える・学ぶ」のではなく、「英語で教える・学ぶ」というのが流行しています。文科省作成の指導要領にも、「英語は英語で教えることを基本とする」という文言があります。
　確かに、英語の授業で英語をまったく使わないのは変です。英語の授業と銘打っておきながら、教師も生徒も一言も英語を発しない授業だとすれば、それは非難されても仕方がありません。
　しかし、だからといって、日本の教室のように、せっかく生徒が同じ母語を共有していて日本語が使えるのに、複雑な語彙や文法の説明などの場面で日本語を使わないのも妙な話です。単純に非効率的と言わざるをえません。アメリカの教室で英語だけで英語を教えているのは、受講生が多様な移民から構成されているからです。母語を共有していないので、使いたくても使えないのです。翻って、日本では生徒全員が日本語を母語として共有しています。共有の母語という貴重な財産をなぜ投げ捨てる必要があるのか、私にはわかりません。利用可能なものは上手に賢く利用すればいいではないですか（Auerbach 1993; Cook 2001; Cummins 2007; Nation 1997, 2003 などを参照）。
　英語を教えるときには、英語も日本語も必要に応じて使い分けるのがよい（古田 2015）。これが良識的な判断だと思いますが、これでは当たり前すぎて世間の耳目に訴えかけないので、世間の注目を集めるために、

「英語は英語『だけ』で教えるべきだ」などという過激な主張をする人が多いのでしょう。

しかし、その手の主義主張の奴隷になるのは感心できません。**大事なのは、良識的なバランス感覚**です。英語を使わないで英語が習得できると思うのも変ですが、**母語を利用せずに英語だけで英語が効率的に学べると思うのも変**です。どうも日本の英語教育を論じる人には、「主義の奴隷」が少なくないように感じますが、主義よりも人間を重んじる良識派の増加を望みます。

◆「柔軟剤」使用の勧め

話がそれました。**ネイティブの規範を絶対視すべきではありませんが、同時に無勝手流を威張るべきでもない。学習可能なことであれば、学習して利用するのがよい**。言いたかったのは、そういう当たり前のことです。

たとえば、中国人英語学習者の手紙の中では、母語である中国語の表現の直訳として、I hope you can... という表現が依頼するときの形として多く見受けられるそうです（Qian 2009）。

I hope you can look into the problems and take it seriously.
この問題を調査し、真剣に検討してくれることを望みます。

I hope you can accept our suggestion. Otherwise, I am afraid we will terminate the contract if you do not solve the problems above.
我々の提案を受け入れてくれることを望みます。そうでなければ、もし上記の問題を解決しない場合は、残念ながら契約を打ち切ります。

これはこれで意味の通じる英文なので、いちがいに責めるべきではありませんが、やはり、このままでは、やや押しつけがましい印象を与えてしまうことも否めません。また、話し言葉ならスッと聞き流されるこ

とも、手紙という書き言葉では相手の目に留まって、悪目立ちしてしまうかもしれません。

　そこで**柔軟剤（softener）**の出番です。柔軟剤の代表格は、すでに指摘した通り、助動詞の過去形ですから、can を could に変えるだけでもだいぶ印象が違ってくるはずです。そのほかの柔軟剤としては、I hope を I'm hoping と進行形に変えることもできます。さらに I was hoping と過去時制を使えば、一段と柔らかい言葉遣いになります（詳しくは第6章・第7章を参照のこと）。**ネイティブと同じ慣用的な定型表現やイディオムを使う必要は必ずしもありませんが、文法の知識さえあれば使用可能な柔軟剤は使った方がよい**と思います。

　特に人にものを頼むときには、相手との関係や依頼の軽重を勘案しながら、こうした柔軟剤を使うように心がけてみてください。提案や助言をするときも同様の配慮が必要になります。柔軟剤の使用は、やり取りをスムーズにし、人間関係を円滑にしてくれるものなのです。

◆準助動詞

　助動詞の過去形は、過去を表さない。その本質は、「事実からの距離感」という話者の心的態度であり、その主な役割は「柔軟剤」である。そういう話をしてきました。

　とすると、読者の中には、どうやって時間的な過去を示すのだろうと不思議に思っている人もいるかもしれません。そこで登場するのが、be going to/be able to/have to/be allowed to などの**準助動詞（semi-modal）**なのです。準助動詞とは「助動詞のようなもの」ということですね。単語一つではなく、いくつかの単語から成り立っているので、別名を**助動詞句（phrasal modal）**とも言います。

　準助動詞は、過去形を使えば、時間的な過去を表します。

　　He was able to pass the examination.
　　彼は試験に合格することができた。（実際に合格した）

これに対して、He could pass the examination. は時間的な過去を表しません。この場合は、時間的に遠ざかるわけではなく、可能性が低くなるだけなので、「彼はひょっとしたら試験に合格することができるかもしれない」という意味です。could が時間的な過去を表すのは、例外的な事例で、「（実際にしたわけではないが、しようと思えば）〜することも可能だった（過去の潜在的な能力・可能性）」という意味のときです。
　以下の例文は、could と was able to の差を如実に表している良い例です（江川1991）。

　　He could swim, so he was able to reach the shore when the boat overturned.
　　彼は泳げたので、船が転覆したときに岸に泳ぎ着くことができた。

◆助動詞と準助動詞の組み合わせ

　助動詞 will/can/may/must/should などを二つ以上重ねて使うことはできません（アメリカ南部方言では We might could do that「そんなこともしかしたらできるかもしれない」と言うそうですが、非標準です）が、助動詞と準助動詞を組み合わせることは可能です。そして、こうした組み合わせでも、助動詞の過去形が「柔軟剤」として活用されます。
　たとえば、have to「（客観的に考えて）〜しなければならない」という言葉を使って、相手に助言や提案をするとします。この際、have to だけでは、断定的に過ぎて言葉が強すぎるので、have to のまえに would や might を置く（would/might have to...）と、その力を弱め、柔らかい言葉遣いにすることができます。
　以下のやり取りは、ある会議からの抜粋ですが、ここでは might が上手に柔軟剤として活用されています。

　　A: Which I think we might have to include in the letter.
　　たぶんそれを手紙の中に入れないといけないんじゃないかと思うんだよね。

B: Right, OK, yeah.
そうだね、わかったよ。

　ここで might を除いてしまうと、横柄な印象を与えてしまうかもしれません。相手にわだかまりなく頷いてもらうためにも、柔軟剤を使った方が適切にして効果的というべきでしょう。
　同様に有用な組み合わせとしては、たとえば、might want to というものがあります。これは私にとっては思い出深いフレーズで、イギリスで論文指導を受けているときに、私の指導教授がよく使っていたものです。たとえば、You might want to reconsider this part.「この部分は考え直した方がいいかもしれないわね」などという感じです。彼女と私の関係を考えれば、実質的には命令なのです（私に拒否権はありません！）が、一応私の意志に配慮しているというスタンスを取るのです。何しろ、このフレーズを使っている限り、彼女は、あくまでも私の希望（want to...）について推測を述べているだけなのですから。
　もう一つだけ具体例を挙げておきましょう。『神は死んだのか（*God's not Dead*）』という映画の冒頭で、徹底した無神論者の哲学教授の授業を履修しようとするクリスチャンの学生をアドバイザーが次のように諌(いさ)めます。

　　You might want to think about a different instructor.
　　誰か別の先生にした方がいいかもしれないよ。

◆助言の仕方
　教科書には、助言の形として、You must see a doctor.「医者に診てもらわなければならない」や You should see a doctor.「医者に診てもらうべきだ」などの形がよく挙げてありますが、must は主観的な命令ですし、should はそれがちょっと弱まっただけです。日本人は、had better を使ってしまうことも多いようですが、これは「助言に従わない場合、悪いことが起きる」という脅しのニュアンスを含むので、使わない方が無難で

す。こうした形は、いずれも私たちが思っているよりも偉そうに聞こえることが多いということを覚えておきましょう。いわゆる「上から目線」なのです。

　私がお勧めするのは、むしろ could を使うことです。You could see a doctor.「医者に診てもらうっていう手もあると思うよ」は、押しつけがましくありません。ビジネスでの交渉のときなどは、これでは弱すぎると思う場合もあるでしょう。そのときも、have to「(客観的に考えて)〜する必要がある」を単独で使うのではなく、might や would と一緒に使った方が丁寧になります。実際、ビジネス会議のコーパスを使って調べてみたところ、ノンネイティブは、ネイティブよりも have to を多用する傾向がある一方で、それを would や might などの柔軟剤と一緒に使うことはできていませんでした（Furuta 2012）。

　could/would/might は、相手とのやり取りを円滑にする柔軟剤。そう覚えておいてください。

◆ **pragmatic competence とは**

　『アメトーク！』というテレビ番組で「腹が立つこと」というテーマのときに、あるタレントが中華レストランの中国人スタッフの対応に不満を言っていました。なんでも、電話をかけて注文すると、「なんだー？」「電話番号は？」「それだけかー？」と聞き返してくるそうです。さらには、料理を届けに来てドアの前で言う一言は、「開けろー」だそうで、これでは確かに腹も立つでしょう。

　このとき、このスタッフの作り出している日本語は、文法的に間違っているというわけではありません。意味も伝わり、料理の注文は無事に(?)行われたわけですから、言語はその用を果たしています。

　しかし、話している相手が客である場合、この日本語は適切とは言いがたいものです。本来は、「ご注文でしょうか？」「電話番号をいただけますか？」「ご注文は以上でよろしいでしょうか？」と聞かなくてはなりません。

　このように、ある場面において社会的なルールに従って適切な言葉を

選ぶ能力のことを、**社会言語能力**（sociolinguistic competence）あるいは**語用論的能力**（pragmatic competence）と言います。使用域、すなわちどのような場において、どのような相手と、どのような話題について話しているのかに応じて、我々は最もふさわしい（＝無標の）言葉遣いを選ぶ必要があるのです。そして、これは外国語学習者には、なかなか難しいことでもあります。外国語学習者は、知らず知らず有標の言葉遣いを選択して、本来意図しないニュアンスを出してしまうことがあるのです。

私もアメリカ人日本語学習者に「お前もパーティーに来るか？」と聞かれて、ドキッとしたことがありました。しかし、これも相手にしてみれば、Are you coming to the party? を訳しただけだったのでしょう。このとき、彼には、「お前」という2人称や「来るか？」という疑問文に対する語用論的知識（いずれも有標で、無礼な印象を与える）が欠けていたわけです。

◆文法とコミュニケーション

最近では猫も杓子もコミュニケーション能力の育成に躍起になっている印象がありますが、この語用論的能力もコミュニケーション能力の大事な一部分です。そして、こうした能力を重視してこなかったことを従来の日本の英語教育の欠点として挙げる人も少なくありません。

そのこと自体には異論はありません。しかし、私が違和感を抱くのは、あたかも語用論的能力が、文法能力とは別個のものだという論調です。つまり、日本の英語教育は文法ばかり重視してきて、語用論的能力を放置してきたなどという論の運び方です。

しかし、本章で見たように、**語用論的能力は、文法的知識の上に成り立つ**ものです。語用論的能力と文法能力は決して別個のものではなく、むしろ語用論的能力の育成は、文法の知識という基盤の上でこそ成り立つものでしょう。助動詞の過去形を柔軟剤として使用するという語用論的能力は、過去形が時間的距離感のみならず、心理的な距離感をも表すという文法的な知識を知った上で学習すべきものだと思います。

コミュニケーションと文法は別に相反する概念ではありません。むしろ**文法という基盤の上にこそコミュニケーションが成り立つ**と考える方が理に適っています。文法能力は、コミュニケーションを果たす必要十分条件ではありませんが、必要条件であることは紛れもない事実です。むやみに文法を敵視したり、排撃したり、無視したりしても、コミュニケーション能力が伸びるわけではない。むしろ、積極的に文法を利用した方が学習者の便宜にはかなうものです。

　その一例として、本章では、助動詞の過去形を取り上げ、その柔軟剤としての役割に焦点をあててみました。やはり文法は、「役に立つ」のです。

文献案内

* 投野由紀夫ほか（2013）『英語学習者コーパス活用ハンドブック』大修館書店
  ➤ 学習者コーパス研究について最近出版された手引書です。
* Granger, S. (Ed.) (1998). *Learner English on Computer.* Longman.［望月通子・船城道雄（訳）(2008)『英語学習者コーパス入門—SLAとコーパス言語学の出会い』研究社］
* Granger, S., Hung, J., & Petch-Tyson, S. (Eds.) (2002). *Computer Learner Corpora, Second Language Acquisition and Foreign Language Teaching.* Benjamins.
  ➤ いずれも英語で書かれた学習者コーパス研究の論文集です。
* Qian. (2009). Linguistic Error or Regional Variety?: Investigating Modality in Business Writing. In L. J. Zhang, R. Rubby, & L. Alsagoff (Eds.), *Englishes and Literatures-in-English in a Globalized World: Proceedings of the 13th International Conference on English in Southeast Asia* (pp. 162-175).
  ➤ 学習者コーパス研究の一例として、本章で紹介した論文です。ビジネスの手紙における依頼文をネイティブとノンネイティブで比較したものです。
* Furuta, N. (2012). Modality in Business Meetings: A Corpus-based Analysis. A paper read at the CA TESOL 2012 43rd annual conference, April 2012.
  ➤ 上記の論文を敷衍して、ビジネス会議における助動詞の使用についてネイティブとノンネイティブの言語使用データを比較した発表です。
* Yule, G. (1998). *Explaining English Grammar*. Oxford University Press. (Chapter 4 "Modals")
* Leech, G. (2004). *Meaning and the English Verb* (3rd edition). Pearson. (Chapter 5 "The Primary Modal Auxiliaries" & Chapter 6 "Modality Continued")
  ➤ 助動詞全般についての英語による解説としては、この2冊が便利です。

コラム⑤ 日本語という貴重な財産

　海外に出てみると、日本では当たり前だと思っていたことが実は当たり前ではないことに気がつくことがよくあります。日本では、電車やバスが時間を正確に守るのは当たり前ですが、同じことを海外の公共機関に期待しても空しいでしょう。治安にしても同様です。

　日本の教室では日本語を使って英語を学ぶことができますが、アメリカの教室では英語で英語を学びます。一部の日本人は明治以来の癖で、海外のものが何でも日本のものより優れていると思い込みがちですが、必ずしもそういうわけでもありません。スペイン語を話す移民や中国語を話す移民の混じる教室では、生徒の母語を利用しようと思っても利用できないのです。また教師の方にも英語のネイティブスピーカーであることをいいことに、生徒の母語を学ぼうとさえしない傾向が見受けられます。

　イギリスで暮らしていた大学寮には、アフリカのジンバブエからMBAを取得しに来ている学生がいました。ある日、共有のキッチンで朝食を食べていると、彼が私にある質問をしてきました。「日本の大学では何語を使うんだ」と言うのです。

　最初、私は質問の意味がわかりませんでした。しかし、やはり彼の質問は最初に聞いた通りのものだったので、「もちろん日本語を使う」と答えました。そうすると、彼は感心したように言うのです。「それはいいねえ、ジンバブエの母語のショナ語では決して学問はできないよ。何しろ必要な語彙がないからね」というのが彼の口から出てきた言葉でした。

　考えてみれば、我々日本人は小学校から大学まで、数学も物理も化学も政治も経済も哲学もあらゆる学問を日本語で学ぶことができます。そして、実はこれは非常にありがたいことなのです。明治時代の先人が、その豊かな漢学の素養を活かして、学問に必要な高級語彙をすべて漢字に移し変えて日本語化してくれたおかげで、私たちは日本語で学問ができるのですから。

　hydrogenという単語は、hydro-「水」とgen「生み出すもの」という二つの要素からで

きていますが、これをきちんと「水素」と訳して日本語にした先人の先見の明に私は感嘆します。この工夫のおかげで、日本語では、日常生活で使う基本語彙と学問に必要な高級語彙が連関を持つようになったのです（鈴木1990）。英語ではギリシャ語の素養がないとhydrogenの意味は推測できません。一方、日本語では、「水素」は「水の素となるもの」だとパッとわかります。基本的な漢字の音読みと訓読みさえ学んでおけば、学問に必要な高級語彙のほとんどの意味が推測できる日本語は、まことに民主的と言うべきでしょう。翻って、「ウェアラブル端末」など、昨今、日本語にできるものまでカタカナで済ませてしまうのは何とも残念な話です。

　世界では西洋語で学問をすることを強制される羽目になった旧植民地国が多い。ジンバブエ人フラットメイトの質問は私にこの事実を改めて認識させてくれました。日本がアジアの中で唯一植民地にならずに済んだのは、西洋文明を吸収し我が物としたからですが、その礎となったのは西洋語を日本語に移し替える作業だったと思います。西洋の文物を自国語に翻訳することによって、西洋文明に飲み込まれるのではなく、西洋文明を利用することができたのでしょう。

　海外を崇拝する癖の抜けない日本人には隣の芝が青く見えることもあるでしょう。しかし、隣の芝は青く見えるだけで、その実、我が家の芝よりも荒れ果てているかもしれないのです。気骨ある先人の労苦とその成果を思えば、改めて自分たちの今持っているもののありがたさがわかります。

　日本人は日本語で全ての学問を学ぶことができる。これはひとえに先人の努力の賜物であり、貴重な財産です。あだやおろそかに投げ捨てていい代物ではありません。学問のための書き言葉を備えた「国語」としての日本語と話し言葉のみの「現地語」では天地の差があります。前者が亡び、日本語が単なる「現地語」に堕してしまった場合、そこから再び「国語」を復権し、取り戻すことはほとんど不可能でしょう（水村2008）。「国語」を失ったとき、国民は独立精神を失い、精神的属国と化します。私は、一人の日本人として、そんな未来を望みはしません。

06章 時制と法の話

Missy: Hi, Leonard, what's up?
あら、レナード、どうしたの？
Leonard: Well, since you're leaving tomorrow, I was wondering if you'd like to go to dinner with me.
えっと、明日帰ってしまうから、一緒に夕ご飯でもどうかなと思ってたりするんだけど……
(*Big Bang Theory*, Season 1, Episode 15 "The Pork Chop Indeterminacy")

◆時制が「時間」を表さない

　私は、アメリカのsitcomと呼ばれるコメディーを見るのが好きです。単純に時間を忘れて見惚ってしまうほど面白いからなのですが、生きた英語表現を学ぶためという言い訳をつけることもできます。たとえば、上に引用した場面では、デートへの誘い文句がわかります。なるほどI was wondering if you'd like to go to dinner with me. と言うのだなあと……もっとも、わかったところで、それを実践できるかどうかは、また別の話ですが。日本語でも難しいことは、英語ではなおさら難しいものです。

　ところで、この引用文を時制の点から見直してみると、不思議なことがないでしょうか？　なぜ明日という未来のことに「現在」進行形（you're leaving）を使っているのでしょう？　レナードがデートについて思いを巡らせているのは明らかに今です。それにも関わらず、なぜ「過去」進行形（I was wondering）を使っているのでしょうか？

　皆さんは、学校で「時制」という言葉を習ったと思います。動詞には時制がある。それは現在形、過去形、未来形である。そんなことを言われたのではないでしょうか。

　ところが、実際の英語を見てみると、**動詞の時制は必ずしも時間の区別とは一致しない**ことが多くあります。本章では、**動詞の形が表す話者の気持ち**についての理解を深めて、この謎を解いていきましょう。

◆細江逸記の慧眼

英文法好きでも**細江逸記**(1884-1947)という名前を知っている人はあまりいないでしょう。しかし、この明治時代の英学者は、名著『英文法汎論』(1917)によって日本に5文型を導入した人であり、その論考の鋭さは今でも価値を失っていません。

細江逸記に限らず、人文系の学問における戦前の日本人の業績は、改めて評価する価値のあるものだと思います。当時の日本人は、本当によく勉強しています。西洋の学問を自家薬籠中のものにするだけではなく、それをさらに発展させて独自の視点を打ち立てる。これは現代の学者でもなかなかできないことです。古市公威という工学者は、パリ留学中あまりの猛勉強ぶりに、下宿先の夫人が「体に障るから少しは休みなさい」と言うと、「私が一日休むと、日本が一日遅れます」と答えたと言います。その気概たるや壮というべきでしょう。現代日本が先進国として繁栄を享受することができるのも、こうした先人が血のにじむような努力をして日本の発展の礎を築いてくれたからです。

さて、細江逸記の著作に『動詞時制の研究』(1932)と『動詞叙法の研究』(1933)というものがあります。この中で細江博士は、**動詞の時制は時の区別を表すものではない**ということを鋭く論証しています。ご本人の言葉を借りれば、その主旨は以下の通りです。

> それ(時制)が本質的には客観的な「時」の区別を表すものではなく、実は、言者がある事柄について陳述をなすときにおいて、その陳述事項の内容に対して抱いている考え、すなわちその思想様式の区別を示すものであって、それが極めて不完全ながら「時」の区別を表すと見られるのは、その本質より第二次的に産まれ出づる効果に過ぎない…(細江 1933, p. 43)

動詞の時制というのは、いろいろ変化する動詞の形のことです。この動詞の形が表すのは、時間ではない。動詞の形が表すのは、話している人間が描写している事象をどう感じているかを示す。つまり、**動詞の時**

制が表すのは、**話者の心的態度**に他ならない。英語の時制を本当に理解するためには、この視点が欠かせません。

◆過去形が表すのは「距離感」

たとえば、第5章「助動詞の話」で説明したように、過去形が表すのは時間的な過去に限りません。**過去形が表すのは距離感（a sense of remoteness）**でしたね。自分が描写している出来事がどこか遠くに感じられる。そういう距離感が、いわゆる過去形の本質です。時間的に遠いと感じているのであれば、時間的な過去を表しますが、心理的に遠く感じられるという場合も結構あるのです。

たとえば、人にお伺いを立てるときに、今のことを聞いているのにわざと過去形を使ったりします。

　　Did you want something to drink?
　　何か飲みたかったりしない？

もちろん Do you want something to drink?「何か飲みたくない？」でも構わないのですが、過去形にすると語調が柔らかくなります。助動詞の過去形で確認したように、**過去形は「柔軟剤（softener）」として機能する**からです。日本語でも「飲みたかったりしない？」の「飲みたかった」は、別に時間的な過去を示すわけではありませんよね。「ひょっとして……」というニュアンスを出すためには過去形の持つ距離感が便利なのです。

　　I am calling because I wanted to ask you a favor.
　　ちょっと一つ頼みたいことがあって、電話しているんだ。

本当は I want to ask you a favor なのです（もちろん「今」お願いしたいことがあるのです！）が、やはり人にものを頼むときには、どこか遠慮の気持ちがあるものです。その遠慮の気持ちが I <u>wanted</u> to ask you a favor という過去形に現れています。やや遠回しになって丁寧になるわけです。日本語で言う「ちょっと…」のニュアンスに近いものです。専門用語では、これを**社会的距離**（social distance）と言います。

◆ social distance（社会的距離＝心理的距離）

これで冒頭の引用の謎が解けました。女性をデートに誘うときに、I'm wondering... ではなく、I was wondering... と過去形を使うのは、相手の事情に配慮しているからです。あるいは、自信がないからかもしれません。女性をデートに誘うのであれば、むしろ自信をもって堂々と I'm wondering if you want to go to dinner with me. と聞いた方がよいかもしれませんね。あるいは、もっと直截的に Do you wanna go to dinner with me? や How about dinner with me? でもいいかもしれません。日本語の敬語同様、相手との距離感を演出するのは、場合によってはフォーマル過ぎて冷たく聞こえることもあるものです。

しかし、相手が目上の人であれば、ものを頼むときには I was wondering if you could... の形を使った方が無難でしょう。たとえば、指導教授に会って話したいのであれば、こんなメールの文面になると思います。

I was wondering if you could spare me a minute to discuss this issue.
このことについて話し合うために、少しだけお時間を割いて頂ければと思っております。

◆「仮定法」は「叙想法」

心理的な距離を出すために過去形を使うという話をしてきましたが、その代表例がいわゆる仮定法です。

細江逸記は、仮定法とは言わずに、**叙想法**（thought-mood）という言葉を使っています。仮定法と言うと、あたかも「仮定する」ことが仮定法の基本的な役目であるかのように聞こえてしまいますが、それは決して仮定法の本質を言い表していません。「名は体を表す」をモットー

に文法用語を選別すれば、**仮定法よりは叙想法、直説法よりは叙実法（fact-mood）という言葉を使うべき**です。文が表している内容が「事実（fact）」なのか、それとも「想い（thought）」なのか。この違いを認識することが決定的に重要です。

　要は、英語には二つのモードがあるのです。一つは、**事実を事実として述べる事実モード（fact-mood）**。これが**叙実法（直説法）**です。英語話者は、普通はこちらのモードを使って英語を話したり書いたりします。

　ところが、人間というのは、時に妄想の一つもしたくなるものです。事実ではないけれども、もしこうだったらなあ…などと。そういう**事実とは異なる妄想を述べるためのモードのこと**を**叙想法（thought-mood）**と言います。**妄想モード**と言ってもいいかもしれません。

　そして、英語は、この二つのモードの差を動詞の形を利用して表します。moodは、文字通りの意味は「気持ち」ですが、特に**動詞の形式に現れる話者の気持ち**のことを指します。事実モードから妄想モードへとスイッチが変わった瞬間、英語話者は、「これは事実ではない。私が頭の中で思いめぐらしている妄想に過ぎない」ということを律儀に動詞の形を変えて表すのです。事実とは異なるということは、事実から遠く離れているということですから、その心理的な距離感を出すために、動詞の時制を一つ過去にズラして過去形を使うのです。

◆仮定法過去

　たとえば、エリック・クラプトンの名曲"Tears in heaven"の歌い出しは、Would you know my name, if I saw you in heaven? というものです。この歌は、事故でわずか4歳で死んでしまった息子コナーにクラプトンが捧げた曲です。これほど仮定法（thought-mood、叙想法、妄想モード）の気持ちを理解するのに格好の例文もありません。

　クラプトンがここで歌い上げているのは、息子に会えない切なさです。息子は死んでしまった。息子にはもう決して会えないという厳然たる事実がそこにはあります。その事実の冷たさ・哀しさを身に沁みて感じて

いるクラプトンが、<u>Would</u> you know my name, if I <u>saw</u> you in heaven?「もし天国で君に会ったら、君は僕の名前を覚えているのだろうか?」と訴えているのです。その痛切な響きに心を打たれない人はいないでしょう。この would と saw という過去形には、クラプトンの切ない気持ちが込められています。

もし仮定法を使用せずに、<u>Will</u> you know my name, if I <u>see</u> you in heaven? では、全然感動できません。なぜなら、これでは事実としてありえることになってしまうからです。事故で死んだ息子と天国で会うことを現実的な可能性として考えている。そんな歌を聞かされた日には、聞いている人間はクラプトンのことが心配になってしまうことでしょう。この歌の後半でクラプトンは、自分の居場所は天国ではないから強く生き続けなければいけないと言っています。クラプトンは自殺の可能性を仄めかしているわけではないのです。

クラプトンの名曲といえば、"Change the world" も仮定法を使っています。その歌い出しは、If I <u>could</u> reach the stars, I'<u>d</u> pull one down for you. 「もし星に手が届くのなら、一つ君のために取ってあげる」というものです。もちろん、星に手が届くわけもありません。だから、If I <u>can</u> reach the stars, I'<u>ll</u> pull one down for you. ではなく、If I <u>could</u> reach the stars, I'<u>d</u> pull one down for you. なのです。後者のように仮定法を使えばロマンチックな恋愛歌ですが、前者の英文では聞いている人は気持ち悪いと感じるかもしれません。

このように**現在の事実とは異なると話者が認識している妄想を表すのに過去形を使うこと**を**仮定法過去**と言います。現在のことなのに、過去形をあえて使うことで、事実からの距離感を示す用法です。

◆「if があれば仮定法」はウソ

仮定法という言葉のせいか、「if があれば仮定法」という誤解をしている人が見受けられます。しかし、if のある文と言っても、事実を述べたものは fact-mood の文ですので、時制のズレは生じません。

If oil is mixed with water, it floats.
油と水を混ぜると、油は浮きます。

　また、未来について述べるときも、「話者が起こりうると感じている未来」であれば、特に時制をズラしたりはしません。

If it rains, I'll stay home.
雨が降ったら、私は家に残ります。

　天気予報で雨の降る可能性は50%などと言っていた場合は、このような英文になるはずです。
　ところが、同じ未来であっても、話している人間が「起こりえないと感じている未来」であれば、妄想モードにスイッチが切り変わりますから、仮定法を使います。時制を一つ過去にズラすことによって、「そんなことはありえないけどね」というニュアンスを出します。天気予報で降水確率は10%という情報を目にした場合には、If it rained, I'd stay home. となるはずです。

◆ if 節の中の should
　この二つの未来文の中間に位置するのが、if 節の中に should を使ったものです。If it should rain, I will (would) stay home. という文ですね。この should は、受験用の熟語集などでは、よく「万が一」などと訳されていますが、やや誤解を招く訳でしょう。「ひょっとして」くらいの訳語にしておいた方がよいと思います。
　というのも、英々辞典や英米の文法書を参照すると、この should は「起こるかもしれない未来のこと（a possible future situation）」について述べるときに使うとあるからです（Cobuild 2005）。一方で、「あまり起こりそうには思えない（not particularly probable）」ことについて述べると記している文法書もあります（Swan 2005）。
　一見矛盾するかのように思える記述ですが、この **if…should…** とい

う形が thought-mood と fact-mood の中間あたりの気持ちを表すと考えれば納得できます。ありえるかもしれないし、ありえないかもしれない。そういう曖昧な気持ちが込められた should なので、もし気持ちが fact-mood に近ければ、I will stay home と will を使うでしょう。もし気持ちが thought-mood に近ければ、つまりありえないだろうなと思っていれば、I would stay home と would を使うでしょう。

　もっとも、実は would を使うことは少ない（Swan 2005）ということなので、どちらかといえばありえるといった程度の心持ちの場合、if 節の中に should を使うと言えそうです。実際、if...should は、命令形と一緒によく使う形でもあります。

　　　If something should happen, please let me know.
　　　もし何か起きたら、知らせてください。

　完全にありえないと思っているわけではないので、やはり「万が一」よりは「ひょっとして」くらいの訳にしておいた方がよさそうです。
　だから、故人となった祖父を回想して、If my grandfather <u>were</u> alive today, he would be disappointed at us.「もし祖父が今生きていたら、今の我々の姿にがっかりするだろう。」とは言えても、*If my grandfather <u>should</u> be alive today... とは言えません。この場合は、明らかに事実に反するからです。先の大戦で亡くなった英霊の多くが「自分は死ぬが後顧の憂いはない。未来の日本人が日本を再び良き国にしてくれることを信じて疑わないからだ」という趣旨のことを言い残しています。果たして私たち後生の日本人はその責任を全うしているのでしょうか……。英霊の姿に恥じない日本と日本人でありたいものです。

◆仮定法を見抜くサイン

　もし「ifがあれば仮定法」がウソだとすると、何を仮定法の目印としたらよいのでしょうか。それは、**①助動詞の過去形と②時制のズレ**です。would/could/might などの助動詞の過去形があり、時制がズレていたら

仮定法と考えて差し支えありません。

　たとえば、イギリス名随筆家ハマトン（P. G. Hamerton, 1834-1894）の『知的生活』(*The Intellectual Life*) には、次のような文があります。「現代外国語を学ぶ学生に」と題された書簡の中の一節です。

> Thousands of English people have very strong reasons for learning French, thousands of French people <u>could</u> improve their positions by learning English; but rare indeed are the men and women who know both languages thoroughly. (Hamerton 1873, pp. 114-115)
> もっともな理由からフランス語を勉強する英国人は大勢いるし、英語を覚えて出世してやろうと考えているフランス人も大勢います。けれども、両方の言葉を完全に知っている者は、男女を問わず、ほとんどいないのが現実です。（渡部昇一・下谷和幸訳）

　このとき、Thousands of English people <u>have</u>... と現在形なのに、続く文では thousands of French people <u>could</u> improve... と助動詞の過去形が使われていることにピンと来ることが大事です。助動詞の過去形があって、時制がズレている。仮定法です。実際に英語を学ぶフランス人などあまりいないけれども、もし英語を学べば出世できる。妄想モードですね。この場合、条件は by learning English という部分です。条件を if で表すとは限らないことにも注意してください。

　あるいは、ある第二言語習得研究の概説書には、次のような例文があります。

> A crucial element in human language is the arbitrary link between the meaning of words and their actual sounds or spellings. A rose by any other name <u>would</u> indeed smell as sweet. (Cook & Singleton 2014, pp. 7-8)
> 人間の言語の決定的な特徴というのは、言葉の意味と実際の音や綴りの間の関係が恣意的なものだということだ。バラは、実際、

111

他のいかなる名前で呼ばれたとしても、同じように甘い香りがするだろう。

　やはり、A crucial element in human language is... の後で、A rose by any other name would... と続いています。助動詞の過去形があり時制がズレているので、仮定法であることがわかります。英語では、rose は rose と呼ぶのが現実ですが、仮にそれ以外のいかなる名前だったとしても（by any other name が条件部分です）rose の香りが甘いことは変わらないだろうという想像上のことを述べている文ですね。別に rose を rose と呼ぶことに必然性はないということになります。実際、日本語では同じ植物に「バラ」という全く違った音を当てています。このように言葉の意味と音の間に必然的なつながりがないというのは、人間の言語の最も大きな特徴の一つなのです（渡部 1973）。

　ちなみに、この文は本歌取りのようなもので、シェイクスピアの『ロミオとジュリエット』の有名なバルコニー・シーンでの台詞が元になっています。「ロミオ、あなたはどうしてロミオなの？（O Romeo, Romeo! wherefore art thou Romeo?）」というあまりにも有名な台詞に続く箇所でジュリエットは、こう訴えます。

　　O, be some other name! What's in a name? That which we call a rose by any other name would smell as sweet. (Shakespeare, *Romeo and Juliet*, II.ii.42-44.)
　　ああ、どうか他のお名前になってください！　名前がいったい何だというのでしょう？　私たちがバラと呼ぶものは、他のどんな名前だったとしても、同じように甘く香ることでしょう。

　最近は、「役に立つ」英語を教えなければならないというのが世の趨勢で、英文科でさえシェイクスピアを読むことが少なくなってきているそうですが、教養ある英米人であれば耳にしている有名な台詞を知っておくことは決して役に立たない知識ではありません。文化というものは、

教養人の共通知識という地盤の上に築かれるものです。そうした教養を持っている人と持っていない人では、英文理解にも大いに差が出ます。シェイクスピアを読んだこともない人は、上で引用した英文を見ても、元になった有名な台詞があることもわからなければ、indeed「実際に」という言葉がなぜ使われているのかもわからないままでしょう。

　ともあれ、このように**ifのない仮定法の文は決して珍しいものではない**ので、ifを仮定法の目印にするのは、お勧めできません。

◆仮定法過去完了

　現在の事実に反する妄想（あるいは、ありえないと感じている未来）を表すために過去形を使うのが、仮定法過去でした。

　では、仮定法過去完了とは何か。過去の事実に反する妄想を表すために、やはり一つ時をズラして過去完了形を使うのです。

If she <u>had not been</u> ill, she <u>would probably have won</u> that race.
もし具合が悪くなかったら、彼女はたぶんあの勝負に勝っていたよ。
If you <u>had asked</u> me, I <u>would have told</u> you.
もし聞かれたら、教えていたよ。

　しかし、この場合もifがない文をごくごく普通に見かけます。私が見かけた中では、こんな例があります。
　『フルハウス』で次女のステファニーが車で遊んでいたら、間違ってエンジンがかかってしまい、車が家に激突。家を半壊させてしまいます。そのステファニーに対して、父親ダニーが言う小言はこんな風に始まります。

Stephanie, I am very disappointed in you. How could you do this? You <u>could've been hurt</u>. You <u>could've hurt</u> someone else. What you did today is the stupidest thing you've ever done.

113

(*Full House*, Season 3, Episode 20 "I broke the car")
ステファニー、パパはとってもがっかりしたよ。どうして、こんなことをしたんだい？　ひょっとしたらケガをしていたかもしれない。誰かにケガをさせていたかもしれない。お前が今日やったことは、今までで一番バカなことだよ。

下線を引いた箇所が仮定法過去完了です。事実としては、家は半壊したものの、ステファニーも誰もケガをしなかったのですが、ひょっとしたらそうではなかった可能性も大いにあるとダニーは述べています。やはり話者が頭の中の想像を述べるのが仮定法なのです。

車に轢かれそうになったとします。運転手が下りてきたら口から出てくる英語は、You <u>could have killed</u> me!「死ぬかと思った！（お前さんは俺を殺していたかもしれないんだぞ！）」でしょう。実際には大丈夫だったわけですが、ひょっとしたら死んでいたかもと頭の中の想像を述べています。

◆仮定法現在

現在の事実と反する妄想を述べるために過去形を使うのが、仮定法過去。過去の事実と反する妄想を述べるために過去完了形を使うのが、仮定法過去完了。

では、仮定法現在は、現在形を使うのでしょうか？　実は、これがややクセモノで、**仮定法現在で使うのは、現在形ではなく、動詞の原形**なのです。だから、正確には、**仮定法原形**と呼ぶべきでしょう。

以下の三つの英文は、いずれも「あいつが彼女に惚れているなんて笑ってしまうね」という意味ですが、それぞれのニュアンスの差がわかるでしょうか？

A. It's laughable that he <u>is</u> in love with her.
B. It's laughable that he <u>be</u> in love with her.
C. It's laughable that he <u>should be</u> in love with her.

Aの場合は、isという動詞を使っているので、fact-moodの文になります。即ち、この場合は「あいつが彼女に惚れている」ことを話者は事実として述べていることになります。that節の内容が事実であるというニュアンス（factual meaning; positive truth-commitment）が加味されるわけです。

　Bの場合は、動詞の原形を使用しています。これが仮定法原形ならぬ仮定法現在です。この場合は、thought-moodの文になります。**原形を使うことによって、that節の内容は、あくまでも話者の想念であって、事実であるかどうかはわからないというニュアンスを出せる**のです。つまり、「あいつが彼女に惚れているかどうかは俺にはわからないが、もしそうだとしたら笑ってしまうね」という意味ですね。話者の想念であることを明示することによって、**事実に対して一歩距離を取った中立感**（theoretical meaning; truth-neutrality）を出せるのが**仮定法現在**の特色です（Leech 2004）。

　ちなみに、明らかに事実と反するとわかっているのであれば、現在の事実に反する妄想（hypothetical meaning; negative truth-commitment）になりますから、仮定法過去を使って、It would be laughable if he were in love with her. となります（彼は別に彼女に惚れていない。あるいはその可能性は非常に低いと話者は思っている）。

◆仮装叙想法

　Cのshouldは、よく「訳さないshould」として紹介されますが、どうして訳さないのか？　それは、**このshouldは、that節が事実ではなく話者の想念であることを示すためだけに使われる**ものだからです。

　be動詞はともかくとして、一般動詞で主語が複数の場合、動詞の原形（to play tennis）と普通の現在形（They play tennis）は区別がつきません。昔の英語は語尾変化が今よりもはるかに豊かだったので、この二つもはっきり違う語尾で区別されていたのですが、現代英語になって、その区別は消えてしまったのです。そこで、事実ではなく想念だという

115

ことをはっきりと形で示すために、動詞の原形に should を加えたというわけです。細江逸記は、これを名付けて**仮装叙想法**と呼んでいます。

> この場合の should はわれわれが臨時に仮装叙想法と名づけたとおり、その趣旨が古代英語の叙想法の心持ちを should に移したものである。<u>ゆえにこの should の意義はある事柄をわれわれの判断に訴える思考上の問題とするのにあるので</u>、けっして他の意はない。
> （細江 1971, p. 310）（下線は筆者による）

このように想念であることを示すためだけの should なので、特に訳さないのです。

ちなみに、先ほど紹介した if 節の中の should も、元はと言えばこの仮装叙想法です。事実に対して一歩距離を取って中立感を演出する should だと考えれば、先ほど説明した「ひょっとして」という曖昧なニュアンスが生まれる理由がよくわかるのではないでしょうか。

◆ fact-mood か thought-mood か

もうこれで、皆さんは以下の二つの英文の意味の差がわかるようになったはずです（江川 1991）。

A. Mrs. Randolph insisted that her daughter always <u>come</u> home early.
B. Mrs. Randolph insisted that her daughter always <u>came</u> home early.

A は come という原形が使われていますから、that 節の内容は事実ではなく想念です。つまり、ランドルフさんは、娘さんに「毎日早く帰ってきなさいね」と要求していたのです。実際に娘さんが毎日早く帰ってきていたかどうかはわかりません。

B は came という動詞の過去形が使われているので、fact-mood の文になります。ということは、ランドルフさんは、「娘はいつも早く帰っ

てきています」という事実を主張したのです。おたくの娘さん、夜遊びでもしているんじゃないですかとでも言われて反論したとすれば、Bの英文になります。

　次の例で、なぜ原形が使われているか、もうパッとわかることでしょう。

　　　It was important that James contact Arthur as soon as possible.
　　　ジェームズが一刻も早くアーサーに連絡を取ることが肝要だった。

　実際にジェームズがアーサーに連絡を取ったかどうかがわからないからですね。

◆仮定法は thought-mood

　本章では、特に仮定法に焦点を当てて、動詞の時制は必ずしも時間と一致するわけではないということを検証してきました。**動詞の形が表しているのは、客観的な時間というよりは、話者の主観的な気持ち**なのです。

　仮定法は、fact-mood「叙実法・事実モード」に対する thought-mood「叙想法・妄想モード」と考えると、スッキリ理解できます。客観的な事実を述べるのではなく、主観的な妄想や想念を述べるとき、英語話者は頭の中のスイッチが thought-mood に切り替わるのです。事実と異なる妄想であれば、時制を一つ過去にズラします。事実からの心理的な距離感を過去形で表すのです。一方、事実かどうかの判断を保留して、単に自分の頭の中の想念であることを示したい場合は、動詞の原形（あるいは should）を使います。

　このように**英語では、動詞の形を通して気持ちの機微を伝えることができる**のです。英語の文章を読むとき、英語の歌を聞くとき、仮定法がわかれば、書き手や歌い手の気持ちが実感をもって理解できます。英語を使って話したり書いたりするとき、仮定法が使えれば、自分の気持ちを正確に伝えることができます。本章で学んだことをぜひ実践でも利用

してみてください。

文献案内

* 細江逸記（1932）『動詞時制の研究』泰文堂
* 細江逸記（1933）『動詞叙法の研究』泰文堂
  - 本章で紹介した細江逸記の業績は、今でもその価値を失わない優れたものです。『英文法汎論』が特に有名ですが、この二冊も注目すべき研究です。英語学の泰斗市河三喜が『英語学―研究と文献』（改訂版、1956年、研究社）で指摘したように、細江博士の業績が英語で書かれていれば世界的な反響を呼んだだろうに、と思わずにはいられません（これは英語ならば仮定法を使うべき文ですね）。
* Leech, G. (2004). *Meaning and the English Verb* (3rd edition). Pearson.
  - 英語の動詞の形と意味に関して、英語で書かれた研究書としては、この本を勧めます。通読に値する良書です。本章の仮定法現在の説明は、同書に依るところが大きいです。
* Swan, M. (2005). *Practical English Usage* (3rd edition). Oxford University Press.
  - Swan の *Practical English Usage* は、すべての英語学習者と英語教師に必携の良書でしょう。非常に参照しやすい文法・語法の辞典です。この本の if の項だけでも読んでおけば、「if があれば仮定法」などという妄言は口から出てこないはずです。
* Hamerton, P. G. (1873). *The Intellectual Life.* Macmillan.［渡部昇一・下谷和幸（訳）(1991)『知的生活』講談社（講談社学術文庫）］
  - 本章で例文を紹介したハマトンの『知的生活』は、随所に鋭い観察を含む優れた人生論です。書簡体で書かれており、断片的なので、どこからでも読むことができます。たとえば、「外国語を学ぶ学生へ」と題された手紙では、外国語を完全に習得することは、その言葉が話されている国に住むだけではなく、その言葉を話す人と結婚し、子供をもうけるなどの家庭的な環境がない限り不可能であると言い切っています。さらに言葉をつづけて、家庭的な環境があるだけでもダメで、注意深く観察する習慣がなければならない。あるいは、外国語を身につけたと思ったら、母語を正しく書けない・流暢に話せないなどの深刻な弊害が出ていることも多い……このような外国語習得悲観論は、最近はあまり聞くことがありませんが、真実と言うべきでしょう。自分の努力不足を直視したくない、かつ外国語学習を簡単だと思い込みたい一般人の弱みに付け込んで、「英語なんて簡単だ！」と謳う詐欺師が多い昨今、ハマトンの知見は一聴に値します（渡部 1982）。

コラム⑥ 英語史の効能その1

　英語史は、最近では英文科でさえ必修科目から外されることがあり、あまり人気がありません。英語の歴史など学んだところで何の役にも立たないということなのでしょう。しかし、英語史の知識は、必ずしも何の役にも立たないというわけでもありません。ここでは、英語史の効能の一つとして、歴史的経緯を知ると現代英語のバリエーションのニュアンスがスッキリ整理されるということを紹介しておきたいと思います。

　たとえば、以下の英文は、どれも「新しいオフィスに引っ越しするとよいと思う」という意味ですが、それぞれどういうニュアンスになるでしょうか？

- A. I recommend that he move to another office.
- B. I recommend that he should move to another office.
- C. I recommend that he moves to another office.

　助言の内容ですから、that 節は、想念であって、事実ではありません。仮定法現在を使うことになります。第6章で説明した通り、歴史的には原形を使う方が古い用法です。歴史的に古い形というのは、古風なニュアンスを持ち、フォーマルな印象を与えます。日本語でも、「面目次第もありません」などと古めかしい形をフォーマルな書き言葉で使うことがありますが、それと事情はよく似ています。

　とすれば、A が一番フォーマルな文ということになります。改まった言葉遣いで、かしこまった印象を聴き手に与えるでしょう。一方、B のように should を使うのは後代になってからのことなので、原形を使うよりもややフォーマルさが薄まります。セミ・フォーマルくらいの印象です。

　ついでながら触れておけば、アメリカ英語では、植民当時の古い語法が保存されていることが多く、原形を使うことが多いようです。一方のイギリス英語では、後代になってからの用法である should を使うことの方が多いようです。

　C は、インフォーマルな口語用法です。ネイティブスピーカーと言っても、いつも正用法で話す

119

わけではありません。書き言葉は保守的ですが、話し言葉というのは変化を受けやすく、崩れやすいものです。日本人でも、「美しくない」とされる日本語を話す若者はいくらでも見つかります。本来は、仮定法現在を使うべきthat節でそれをサボるのは、規範文法的視点からは「間違い」とされる言葉遣いです。つまり、話しているときはともかく、フォーマルな場面で文章を書いている際には、このような怠け癖は避けた方が無難なのです。

だから、もしネイティブスピーカーがCのような英語を書いてきたら、自信をもってAかBの形に直してあげましょう。もし文句を言われたら、正式な書き言葉では規範文法のルールを守った方がよいことを告げて、仮定法現在の本質を歴史的に説明してあげればいいでしょう。

同様に、文法書には、If I were rich,...「もし金持ちだったら…」のwereは、wasになることも多いと書かれていますが、歴史的にはwereが古い形なので、wereの方がフォーマルです。

wasは後になって出てきた崩れた形なので、口語的です。たとえば、Nickelbackというロックバンドの歌には、"If today was your last day"「もし今日が最期の日だったら」というタイトルのものがあります。ロック音楽なのですから、ここで従順に規範文法を守ってwereでは、「良い子」過ぎて迫力に欠けるというものです。

ちなみに、古英語ではbe動詞の仮定法過去は、単数でwære、複数でwærenという活用をしていました。だから、仮定法では主語が単数でもwereを使ってきたのです。このように英語史を知ると、現代英語の「例外」を説明することもできます。

英語史を知ることによって、現代英文法のルールの裏に潜む事情に通じることができ、ネイティブスピーカーに自信をもって英文法について説くことができ、さらには現代英語の「例外」まで説明できてしまうのです。規範文法同様、英語史も勉強をお勧めしたいと思います。

コラム⑥ 英語史の効能その一

07章　相の話

◆時制と相の違い

　前章は、時制と法の話でした。今回は、進行形と完了形の話がメインです。

　「え、それって時制の話じゃないの？」と思うかもしれませんが、実は、違います。**進行形や完了形というのは、時制の話ではない**のです。

　中学生のときの英語の授業を思い出してみてください。現在形を習い、過去形を習い、現在進行形を習い、現在完了形を習い、現在完了進行形を習い……いったい全部でいくつあるのだろうと思って混乱してしまった人もいるのではないでしょうか。

　しかし、実は英語の動詞システムは非常にシンプルに出来ています。**基本時制三つ（現在・過去・未来）と四つの相（普通形・進行形・完了形・完了進行形）の組み合わせ**なのです。3 × 4 = 12 ですから、計12個の変化形が存在するというわけです。

	普通形	進行形	完了形	完了進行形
現在	He walks	He is walking	He has walked	He has been walking
過去	He walked	He was walking	He had walked	He had been walking
未来	He will walk	He will be walking	He will have walked	He will have been walking

　時制（tense）というのは、現在・過去・未来という時間枠を設定する動詞の形のことを言います。一方、**相（aspect）**というのは、その時間枠の中で、どのように動作が行われているかを表す変化形のことを指します。簡単に言えば、時制は「いつ」を、相は「どのように」を受け持つということです。英語の動詞は、その形を変化させることによって、「いつ」だけではなく「どのように」まで表すことができるのです。

　そして、**日本人にとって難しいのは、動詞の時制よりは相**でしょう。何しろ、現在・過去・未来という概念がわかりにくいという人はまずいないのですから。一方、進行形とは何か、完了形とは何かというのは、

121

訳語で解決する問題ではないので、日本人には厄介です。この章では、進行形や完了形などの変化形がどのような意味を付与するのか、その本質を探っていきましょう。

◆進行形の本質

進行形や完了形を使いこなすために大事なことは、本質的な意味 (core meaning) を理解することです。いろいろな用法がありますが、**周辺的な用法は本質的な意味から派生する**ものとして理解すると、それぞれの用法をバラバラに覚えるよりも応用が利きます。

進行形の本質は、ズバリ、「**一時的に進行中 (ongoing and temporary)**」です。「〜している」という訳だけで覚えている人がいますが、強いて訳すとすれば「〜している真っ最中」とすべきでしょう。

たとえば、My mother is cooking dinner. と言えば、コトコト料理の音が聞こえてくる感じです。He is writing a letter. と言えば、手紙の上を走る鉛筆の音が聞こえます。They're eating dinner. と言えば、ムシャムシャ食べている真っ最中です。It's still raining outside. と言えば、雨がザーザー降っている音がします。このように「一時的に何かをやっている最中で、まだ終わっていませんよ」というのが進行形の核心です。

この現在進行形の特徴は、現在普通形と比べてみれば、いっそうハッキリします。ちなみに、俗に現在形と呼ばれているものは、正確には現在「普通」形と呼ぶべきです。現在進行形も現在完了形も現在完了進行形も、みな時制は現在ですから、実は「現在形」なのです。

現在普通形は、現在進行形と違って、一時性のニュアンスがなく、「**昨日も今日も明日も〜する**」**という意味**です。「いつだろうが、ずっと〜だよね」という感じです。I usually go to bed very late. と言えば、昨日も今日も明日も寝るのがとても遅いのです。She gives lectures here every day. と言えば、毎日彼女はその場所で講義をしています。I take lessons in self-defense. と言えば、熱心なことに日々護身術のレッスンを受けていることになります。I buy everything from this supermarket. と言えば、昨日も今日も明日もこのスーパーで買い物をするのです。

◆**現在普通形 VS 現在進行形**

ちょっとしたクイズをして、**現在普通形と現在進行形の差**を確認していきましょう。この手のクイズを大量にこなすと、それぞれの動詞の形に込められた気持ちがわかるようになります。

留学生の自己紹介は、どちらでしょう？

　A. I study Japanese literature at Sophia University.
　B. I'm studying Japanese literature at Sophia University.

Bですね。留学生ということは、一時的に上智大学（Sophia University）で勉強しているものの、いずれ遠くない未来に故国に帰るからです。Aだと、正真正銘の国文科の学生という印象を受けます。

女性の方々、もしハワードがあなたの付き合っている男性だとしたら、どちらの方が嫌な感じを受けますか？

　A. Howard lives with his mother.
　B. Howard is living with his mother.

Aでしょう。Aだと恒常的に母親と同居していることになるからです。もしハワードが成人男子であれば、マザコンの誹りを受けても仕方のない状況です。Bの場合は、何らかの事情があって、緊急避難的に同居している感じです。

「あれ、なんで今日はメガネかけてるの？」という意味になるのは、どちらでしょう？

　A. Why do you wear glasses?
　B. Why are you wearing glasses?

Bですね。Aの質問には答えようがありません。「いや、そう言われても目が悪いので」と言うしかない、アホらしい質問になってしまい

123

ます。
　目の前の庭の雑草を見て、「うわー、雑草がすげえ生えてるなあ」と言いたい場合は、どちらになるでしょうか？

　　A. Weeds grow like wildfire.
　　B. Weeds are growing like wildfire.

　Bですね。Bならば、in my garden という語句を続けてもおかしくありません。Aは、「雑草というのは瞬く間に生えるものだ」という一般論です。
　もう以下の二つの英文で、なぜそれぞれ現在普通形と現在進行形が使われているのか、パッとわかるのではないでしょうか。

　　A. The town lies on the river.
　　　その町は川辺にある。
　　B. The socks are lying under the sofa.
　　　その靴下ならソファの下だよ。

　町は昨日も今日も明日も川辺にあるのに対して、靴下は一時的にソファの下にあるだけです。拾った瞬間に場所は移動します。

　　A. Nelson's statue stands in Trafalgar Square.
　　B. She is standing by the window.

　同じですね。ネルソン像は、昨日も今日も明日も変わらずトラファルガー広場に立っていますが、彼女は今一時的に窓のそばに立っているだけで、いつ動いてもおかしくありません。
　おかしい英文はどちらでしょう？

　　A. The church stands on the hill.

B. The church is standing on the hill.

Bですね。教会のような建物は、そんなに簡単に動いたりはしません。一時的に丘の上に立つようなものではないので、Aの方が正しい英文になります。

ここまで来れば、もう次のような **be動詞の進行形**を見ても慌てることはないでしょう。

A. He's rude.
B. He's being rude.

Aの場合は、彼は、昨日も今日も明日も変わらず無礼なんですね。人格否定です。Bの場合は、あくまでも今に限って無礼なことを言っているか、無礼な行動をしているかというだけです。You're an idiot.「お前はバカだねえ」と言ったら、間違いなくケンカになるでしょうが、You're being an idiot. は、「バカなことを言っている」くらいの意味です。You're being ridiculous.「アホなことを言っている」や She is just being shy.「恥ずかしがっているだけだよ」など、この形は会話でもよく使われるので、一時的な動作を示すことを覚えておきましょう。

◆周辺的な用法その1（進行形）
「一時的に進行中」というコアの意味から、進行形には副次的な用法が二つ派生します。
一つは、「一時的に」というところから、**「仮にちょっと (tentative)」というニュアンス**を持つ用法です。あくまでも一時的なものですよ、暫定的にやっているだけなんですよ、ということを強調するわけですね。結果的に、断定的な語調ではなくなり、丁寧になります。
たとえば、お金を貸してほしいときに、I hope you can lend me some money. と言うこともできますが、I'm hoping you can lend me some money. の方が丁寧になります。「今ちょっとお金貸してほしいなんて

思っちゃったりしてるんだけど」という感じですね。

　ちなみに、さらに遠慮の気持ちを表に出したければ、心理的な距離感を演出するための過去時制を使い、I was hoping... となります。お金を貸して欲しいというのは気が引ける行為だから、このような婉曲表現を使いますが、I hope you'll feel better soon.「早い回復を祈ります」と言うときに、進行形や過去時制を使ったりはしません。

　好きな女性をパーティーに招待したいとき、I just want to (wanna) invite you to a party. と言える人は自信がある人です。自信がない場合は、まず過去時制に走り、I just wanted to invite you to a party. となります。さらに自信がなければ、進行形を使うことによって、二重に丁寧になります。I was just wanting to invite you to a party. と言うと、だいぶ遠慮している気持ちが伝わってきます。距離を感じるので、かえって逆効果かもしれませんね。

　あるいは、I have a problem. と言いたいとき、I'm having a problem. と形を変えることによって、「ちょっと問題があって…」というニュアンスを出すことができます。会話で大げさな物言いをしたくないときに使います。

　たとえば、私が目にした中では、次のような例があります。アメリカで人気の TV コメディー『ビッグバンセオリー』でシェルダンという主人公が友人のレナードに恋人との悩みを打ち明けているシーンです。

　　I'm having a relationship problem with Amy.
　　エイミーとの恋愛関係に今ちょっと問題があって…。
　　(*Big Bang Theory*, Season 5, Episode 23 "The Launch Acceleration")

◆状態動詞の進行形

　時に文法書では、have や wear のような状態動詞は「進行形を取れない」と書いてあることがありますが、あまり正確なルールとは言えません。あくまでも「進行形を取りにくい」だけで、進行形にふさわしいニュアンスを前面に出したければ進行形を取ることも、特に会話では決して

珍しくはありません。

　ただし、**状態動詞は、普通形で使う方が無標**（unmarked）、つまり普通で中立的な意味合いになります。一方、**状態動詞を進行形で使うのは有標**（marked）、つまり珍しい用法なので、何らか特殊なニュアンス（special overtones）が生まれるということは心得ておいてください。その特殊なニュアンスを知った上で、効果的に使うのであれば、何の問題もありません。

　もっとも正式な書き言葉では、状態動詞の進行形は、悪目立ちするので避けた方が無難です。すでに何度も説明した通り、インフォーマルな話し言葉とフォーマルな書き言葉という異なる使用域では、異なる言葉遣いが求められるのです。話し言葉では問題ないことも書き言葉では問題とされることが多いものです。

◆周辺的な用法その２（進行形）
　もう一つは、眼前の進行中の動作を活き活きと描き出すところから、**感情的なニュアンス**（emotional coloring）が生まれます。多少なりとも気持ちが入り込むんですね。

　I hate this assignment. は、目の前の宿題に対する気持ちが高ぶって、「ホントにこの宿題嫌なんだけど！」となった場合には、I'm hating this assignment! となります。hate という動詞は、通常は進行形で使わない状態動詞です。それをあえて進行形で使うというのは有標ですから、特殊なニュアンスが出ます。進行形を使うことによって高まった感情を表せるのです。

　自慢をよくする男がいたとして、He always brags. と言うのは無標の表現方法です。単にその男性の特徴を淡々と描写しているだけです。ところが、He is always bragging. というのは有標の表現方法です。この場合は、男の習慣について明らかに何らかの感情を抱いています。「あの野郎は、いつも自慢ばかりしやがる」というような意味合いになります。

　熟語集などには、\<be> always Ving で「いつも〜ばかりしている（否定的）」というイディオムとして記載されていることが多いようです。

しかし、そんな風に丸暗記してしまうと、なぜ always に対して現在普通形と現在進行形の両方を使うことがあるのか、どう使い分ければいいのか、さっぱりわからなくなってしまいます。また、込められる感情は否定的なものとばかりは限りません。You're always looking out for me.「あなたはいつも私のことを心配して面倒みてくれるのね」などのように、肯定的な感情を込めることもできるのです。

◆マクドナルドのCM "i'm lovin' it!"

　一見遠回りに思えても、**原理原則を理解した方が汎用性も高く、便利**なのです。たとえば、マクドナルドのCMの i'm lovin' it! も、**感情的なニュアンスを出すための進行形**の一種として説明することができます。何かが好きだというときは、もちろん I love it! というのが普通、すなわち無標です。love という状態動詞は、通常は進行形にはしません。ところが、そこをあえて進行形を使うというのは、有標の表現形式ですから、何らかの特殊なニュアンスが出ます。この場合は、好意的な感情の高まりを表していると考えるべきでしょう。「ホントに最高っ！」くらいの訳が適当ではないかと思います。

　Iが小文字になっていることや、ing の g が消えていることからわかるように、こうした用法は明らかにインフォーマルな口語体ですから、フォーマルな言葉遣いが要求される場面では使ってはいけません。

◆原理原則の応用例

　同じく状態動詞の進行形と言っても、出したいニュアンスが違うこともあります。すでに進行形の原理原則に熟知した皆さんであれば、難なく対処できるはずです。

　　　"How <u>are</u> you <u>liking</u> your new job?" "I'm liking it so far."

　この場合は、単に「一時性」を前面に押し出したいだけでしょう。「<u>今のところ</u>、新しい仕事はどう？」と聞かれて、「<u>今のところ</u>、いい感じだね」

と答えるというわけです。

    I like the first piano notes but I'm not liking it where the strings come in.

　この場合は、否定的な批評を言う段になって遠慮の気持ちが進行形を導いたと考えるべきです。「最初のところのピアノはいいけど、弦楽器の入ってくるあたりは、ちょっと好きじゃないかも」くらいの意味でしょうね。本当のところは、I do not like... と言いたかったのかもしれませんが、さすがにそれをそのまま言うのは憚られたのでしょう。断定的な語調を柔らかくするための進行形です。
　このように、進行形の様々な用法は、コアの意味「一時的に進行中」から説明できます。コアの意味から、副次的なニュアンスとして、「仮にちょっと」という意味合いを出して距離感を演出する婉曲・丁寧用法と、感情的な色合いを込める用法が生まれる。この原理原則で進行形は対処できるのです。

◆**過去進行形と未来進行形**
　現在進行形がわかれば、過去進行形と未来進行形は、時間軸をズラすだけで解決です。現在進行形が、「今という時点で一時的に進行中」なのであれば、**過去進行形は「過去のとある時点で一時的に進行中」**ですし、**未来進行形は「未来のとある時点で一時的に進行中」**です。相（aspect）さえわかれば、時制（tense）は大して問題とはならないのです。

    When we arrived, she was making some fresh coffee.
    私たちが到着したとき、彼女はコーヒーを入れている最中だった。
    Don't phone me at 7. I'll be watching my favorite TV program.
    7時に電話はしないでね。大好きなテレビ番組見ているから。

　「私たちが到着したとき」、すなわち過去のある時点で、コーヒーを

入れるという動作が進行中だったのです。また、「7時」という未来の時点では、この人物はテレビを見ている真っ最中なのです。

過去進行形と未来進行形については、それぞれ一つだけ注意事項があります。

過去進行形は、「過去のとある時点で一時的に進行中」ということは、**「まだ終わっていない」**ことを表します。一方、過去普通形はしてしまったことを表しますから、動作は完了しています。

それを踏まえると、すでに手遅れなのは、次の二文のうち、どちらでしょうか?

A. The dog drowned in the sea.
　その犬は海で溺れた。
B. The dog was drowning in the sea.
　その犬は、海で溺れていた。

Aですね。この場合は、ただ冥福を祈るのみです。

しかし、Bの場合は、たとえばBut someone jumped into the water and saved it.「しかし、ある人が飛び込んで、その犬を助け出した」などと文を続けることができます。

The bus stopped. の場合、バスは止まっていますが、The bus was stopping. の場合は、「バスは止まろうという動作をしている最中だった」ですから、その時点ではバスはまだ動いています。He died. はご臨終ですが、He was dying. は、少なくともその瞬間は死に向かって近づきつつあるだけで、まだ死んではいません(勝手に殺さないように!)。逆に、「バスが止まっていた」「その男は死んでいた」のように、動作が完了している出来事に対して、過去進行形を使用してはいけません。

未来進行形については、「**(意志とは関係なく) 〜することになっている**」という用法があることを覚えておきましょう。

When will you be moving to your new house?

いつ新しい家に引っ越すことになっているの？

　この場合、相手の意志を聞いているわけではなく、すでに決められた予定を尋ねています。このように意志の意味を取り除くことによって、丁寧に申し出たり、尋ねたりすることができます。

　　Can I give you a ride? I'll be driving to San Francisco next week.
　　車に乗ってく？　来週サンフランシスコに行くことになってるから。
　　Will you be putting on another play soon?
　　新しい劇を近いうちに上演することになっていますか？

　「いずれにせよ、サンフランシスコに行くことになっているから、何なら乗ってく？」と言われれば、イエスと言いやすいですよね。Will you...? で聞いてしまうと、「〜してくれませんか？」という依頼にも受け取られかねませんが、Will you be ...ing? ならば予定を聞いているだけです。

◆完了形の本質
　さて、今度は完了形です。やはり現在完了形から始めるのが手っ取り早いので、現在完了形から説き起こしていきましょう。
　実は、すでに説明の半分は終わっています。何しろ、一番大事なことは、**現在完了形は、「現在」時制の一つ**だということです。この章の冒頭で説明した通り、現在時制に属する変化形には、現在普通形、現在進行形、現在完了形、現在完了進行形があります。ということは、**現在完了形は「現在」について述べる動詞の形**の一種なのです。
　実際、**歴史的には**、現在完了形は正真正銘の現在形でした。I have saved some money. は、元は I have some money saved.「いくばくかのお金を貯めて持っている」でしたし、I have bound him. は、I have him bound.「彼を縛られた状態で保持している」だったのです。古英語時

代の文献には、この元の語順の現在完了形も散見されます。I have lost my wallet. は、元は I have my wallet lost. だった。ということは、この場合、**コアの意味は、「ある状況を今持っている」**ということなのです。財布を無くしたという状況を今持っている。つまり、今も財布がないのです。

　このように、現在完了形の本質とは、動作の完了にあるのではなく、むしろその結果が今に何らかの形で影響を及ぼしているということにあります。「**今と何らかの形でつながりのある過去の出来事**」を示すのです。

　The taxi has arrived. と言えば、今、タクシーが目の前にいます。I've recovered from my illness. と言えば、今、元気なのです。He has cut his hand with a knife. と言えば、その人の手には今もナイフで切った切り傷があるはずです。

　現在完了形は、have に過去分詞を加えて作りますが、have にはきちんと意味があります。「今、持っている」のです。何を持っているのかと言えば、それは過去分詞の示す過去の出来事の余韻みたいなものです。「**現在完了形＝過去＋現在**」という図式で表してもよいでしょう。過去の出来事が何らかの形で今に影響を及ぼしていれば、現在完了形を使います。

◆**周辺的な用法（完了形）**

　完了形には、上記の意味に加えて「経験」と「継続」の意味があると言われますが、この二つは、コアの意味から派生する副次的な意味として説明できます。

　　I've been to America three times.
　　アメリカには三回行ったことがあります。
　　I have never been to America.
　　アメリカには一度も行ったことはありません。
　　Have you ever been to America?
　　アメリカに行ったことがありますか？

このように、never「今までに一度も〜ない」やever「今までのどこかの時点で」、あるいは**回数表現があれば、現在完了形は「経験」の意味**を帯びます。この場合、焦点となっているのは、今、経験があるのかどうかです。「〜したことがある」という訳語自体が、「過去（〜した）＋現在（…ことがある）」ですから、現在完了形の本質と合致しています。ある体験をしたとき、その体験は消えてなくなるわけではありません。いつその体験をしたのかは眼中になく、今その体験を有しているかどうかが焦点となっているのです。

回数表現ではなく、since...「〜以来ずっと」やfor...「〜の間ずっと」などの**継続期間を示す語句があった場合には、現在完了形は「継続」の意味**になります。

I've lived in Tokyo since I was a kid.
子供のときから、ずっと東京に住んでいる。(＝今も東京に住んでいる)

We've known each other for years.
私たちは知り合ってもう何年にもなる。(＝今もお互いをよく知っている)

That house has been empty for ages.
その家は、長い間空き家のままだ。(＝今も空き家のまま)

「昔から今に至るまでずっと」というのも、やはり「過去＋現在」ですね。**現在完了形で大事なのは、「今とのつながり」**なのです。繰り返しますが、現在完了形は、現在時制の一つなのです。

◆過去完了形と未来完了形

現在完了形がわかれば、過去完了形と未来完了形は、やはり時間軸をズラすだけで理解できます。現在完了形が、「今の時点までに動作が完了して、その影響が何らかの形で今に及んでいる」という意味でしたね。

ならば、過去完了形は、それが「過去のある時点までに…」になるだけです。未来完了形は、「未来のある時点までに…」です。

たとえば、**過去完了形**は、こんな感じです。

> When the police arrived, the thieves had run away.
> 警察が着いたときにはすでに泥棒が逃げた後だった。
> She didn't want to go to the cinema with us because she had already seen the film.
> 彼女がその映画に一緒に行きたがらなかったのは、すでに見ていたからだ。
> The man sitting next to me on the plane was very nervous. He hadn't flown before.
> 機内で私の隣の男性はとても緊張していた。飛行機に乗ったことがなかったのだ。

現在完了形は「〜してしまって、今…なんだよね」という気持ちを表します。過去完了形は、その気持ちを過去に移すだけです。**「すでに〜してしまっていたものだから、そのときには…だったんだよね」**という感じです。泥棒が逃げていたから、警察が着いたときには誰もいなかった。彼女は映画をすでに見たことがあったから、一緒に行きたがらなかった。それまで飛行機に乗ったことがなかったから、緊張していた。そういう気持ちが過去完了形に込められています。

この時間軸をズラすだけという感覚は、次のように現在完了形と比較してみると、わかりやすくなるでしょう。

> We aren't hungry. We've just had lunch.
> 昼ご飯を食べ終わったところだから、今お腹はすいていない。
> We weren't hungry. We'd just had lunch.
> 昼ご飯を食べ終わったところだったから、その時お腹はすいていなかった。

I don't know who she is. I've never seen her before.
彼女には会ったことがないから、どんな人かわからない。
I didn't know who she was. I'd never seen her before.
彼女には会ったことがなかったから、どんな人かわからなかった。

My room is dirty. I haven't cleaned it for weeks.
何週間も掃除していないから、私の部屋は汚い。
My room was dirty. I hadn't cleaned it for weeks.
何週間も掃除していなかったので、私の部屋は汚かった。

　このように、完了形に込められる気持ちは、現在完了形でも過去完了形でも変わらないのです。
　未来完了形でも同様です。現在完了形の時間軸を未来にズラすだけです。

I'm sick of exams. I've had eight exams in two weeks.
もう試験なんてウンザリだよ。二週間で八つも受けたんだから。
By next weekend I'll be sick of exams. I'll have had eight exams in two weeks.
来週末には試験なんてウンザリていう気持ちになっているんだろうな。二週間で八つも受けるんだから。

　もっとも、未来完了形は、それほどよく目にする形というわけでもありませんし、使う必要性もさしてあるとは思えません。見たらわかるくらいでいいと思います。

◆完了進行形

　最後に残された変化形は、**完了進行形**ですが、これは、ごくごく単純に**「動作の継続」**を表すと理解すればいいだけです。

たとえば、**現在完了進行形**は、「**今に至るまでずっと〜し続けている**」という意味です。「〜している真っ最中」という進行形と「昔の出来事が何らかの形で今につながっている」という現在完了形を組み合わせれば、「昔から今に至るまでどの時点を見ても、ある動作が進行中」という意味になります。しつこく何度も動作を繰り返すイメージです。
　テレビを一日中ずっと見ている息子が目の前にいてキレかかっている母親の口から飛び出す英語は、こんなものになるでしょう。

> Are you still watching TV? You've been watching TV all day!
> まだテレビ見てるのかい？　一日中ずっとテレビじゃない！

お母さんのイライラした気持ちが伝わってくる英語ですね。

> You're out of breath. Have you been running?
> 息が切れているよ。走っていたの？
> I'm very tired. I've been working very hard.
> とても疲れていてね。ずっと働いていたものだから。
> The ground is wet. It's been raining.
> 地面が濡れている。雨が降っていたものね。

　走り続けて、今、息が切れている。働き続けて、今、疲れている。雨がずっと降っていて、今、地面が濡れている。大事なのは、**動作の継続、そしてその影響が今に及んでいる**ということです。たとえ、動作自体はちょっと前に終わっていても、頭の中に今の状景が浮かんでいれば、「現在」形を使うのです。ここらへんの呼吸は、現在完了形と変わりません。
　過去完了進行形と未来完了進行形は、どちらもあまり見かける形でもないので、それぞれ一つだけ例文を挙げておくだけにしておきます。過去あるいは未来の時間軸に移すだけなので、それぞれ「過去のある時点までの動作の継続」「未来のある時点までの動作の継続」を表します。

She had been crying for an hour until he came.
彼がやってくるまで、彼女はずっと泣き続けていた。
It will have been raining a whole week tomorrow.
明日で一週間雨が降り続いたことになる。

◆完了進行形 VS 完了形

英語学習者は、**完了進行形と完了形の使い分け**に迷うことも多いようなので、最後にこの二つの変化形の違いを確認しておきましょう。

たとえば、自分の家の犬を散歩に連れていったとして、I've been taking the dog for a walk. と I've taken the dog for a walk. は何が違うのでしょうか？

完了形の場合は、動作は終了しています。つまり犬の散歩は終わっています。一方、**完了進行形の場合は、まだ進行中の可能性もあります**。だから、お母さんに「ありがとう」と言われるのは、I've taken the dog for a walk. の方です。それに対して、「どこにいたの？（Where have you been?）」と聞かれて、I've been taking the dog for a walk.「犬の散歩をしていたんだよ」と答える。この場合、犬の散歩は終わっているかもしれないし、終わってないかもしれません。

同様に、I've been repairing the car. の場合は、単に車をいじり続けていたことを言っているだけなので、車の修理が終わっているかどうか、わかりません。I've repaired the car. と言った場合は、車は直っています。

My hands are dirty. I've been repairing the car.
手が汚れてしまった。ずっと車の修理をしていたものでね。
The car is OK again now. I've repaired it.
車もう大丈夫だよ。直しておいたから。

次の文で、完了進行形が使われているのは、なぜでしょうか？

Scientists believe that the universe has been expanding steadily since the beginning of time.

宇宙は、時間が始まったときからずっと拡大し続けていると科学者たちは考えている。

宇宙の拡大は今も続いている（そして、この先も続く）からですね。ここで現在完了形を使ったら（*the universe has expanded...）、もう宇宙は拡大を終えてしまったことになってしまい、一大事です。

私は英語を教えてもう 10 年以上になりますが、まだまだこれからも教え続ける気でいるので、I have been teaching English for more than 10 years. です。65 歳で定年になったときには、I have taught English for more than 40 years. と言うことでしょう。

◆動作の継続 VS 状態の継続

また、すでに説明したように完了進行形も完了形も「継続」を表すことができますが、これについて覚えておくと便利な区別は、

- 動作の継続⇒完了進行形
  - ➤ 一時的で短期間のものを表すことが多い。
- 状態の継続⇒完了形
  - ➤ 永続的で長期間のものを表すことが多い。

というものです。

動作というのは、始まりと終わりが明確で、意志をもって行うものです。「走る」「尋ねる」「殴る」「倒れる」など、意識すれば、目の前でやってみせることができるようなものですね。

一方、**状態**というのは、I am a student.「私は学生です」や I know him.「私は彼と知り合いです」など、始まりと終わりが不明確で無意識のものです。

日本人は、完了形を習うときに「継続」の意味を習うので、動作の継続まで完了形で表すミスが目立ちます。**動作の継続は完了進行形を使**

うことを覚えておきましょう。「ずっとその本を読んでいるね」に対応する英語は、*You've read that book for hours. ではなく、You've been reading that book for hours. です。

　同じ動詞でも、動作的なニュアンスとともに使われる場合と、状態的なニュアンスで使われる場合があります。一時的な動作の継続は、完了進行形を使い、永続的な状態の継続は、完了形を使います。結果的に、前者は、短期間になることが多く、後者は長期間のものになることが多くなります。

>That man has been standing on the corner all day.
>その男は、あの角に一日中立っている。
>For 900 years the castle has stood on the hill.
>900年もの間、その城は丘の上にある。
>
>I've been working very hard today.
>今日は一生懸命働いたなあ。
>I've worked for this company for 30 years.
>この会社で30年間働いてきた。

　たとえば、同じ teach という動詞でも、教壇に立って話す姿を思い浮かべているのであれば、これは一時的な動作です。この一時的な動作を3コマ4時間半続けたとします。この場合、私の口からは、I'm tired! I've been teaching for more than 4 hours!「疲れたあ。もう4時間以上も授業をしているんだよ」などという英語が出てくるでしょう。

　一方、I teach English at Toyo University.「私は東洋大学で英語を教えています」というのは、I am an English teacher at Toyo University.「私は東洋大学の英語講師です」と同じ意味で、永続的な状態です。こうした状態の継続を表したいのであれば、I've taught English at Toyo University for 2 years.「私は東洋大学で2年間英語講師として勤めています」という英語になります。

ただし、この場合であっても、今後も働き続けるというニュアンスを強調したければ、I've been teaching English at Toyo University for 2 years. へと英語は変化します。

このように英語というのは、表現内容に応じて、その形式を変えます。言語のルールというのは、単に大まかな傾向をまとめたものですから、法律と違って、絶対に守らなければならない規則ではないのです。むしろ英語学習者は、自分の表現したいことに合わせて、柔軟に英語のルールを利用できるようになることを心がけるべきです。そのためには、**ルールを暗記するのではなく、ルールの裏に潜む原理原則を理解した方がい**いでしょう。

◆**確認クイズ**

本章では、英語の動詞の変化形（普通形・進行形・完了形・完了進行形）の意味を探ってきました。読者の皆さんがこうした変化形の原理原則を理解できたか、最後にちょっとしたクイズです。以下の日本語をそれぞれ適切な英語に直してみてください。いずれも時制は現在ですが、正しい変化形を選べるでしょうか？

A. たけしさんは今部屋で勉強しています。
B. 私は、毎朝5時に起きています。
C. パリには、もう5回くらい行っています。
D. もう2時間も待っています。

それぞれ、以下のようになります。

A. Takeshi is studying in the room now.
B. I get up at 5 every morning.
C. I have been to Paris five times.
D. I have been waiting for 2 hours.

外国人用の日本語文法書を調べると、「〜ている」は「進行中の動作」だけではなく、「習慣的出来事」「経験」「過去の動作が現在に及んでいる状態」を表すとあります。最初の意味であれば、進行形が使えますが、それ以外の場合はダメですね。

　英語という言語を貫く大原則は、**「同じ形には同じ意味がある」**というものです。動詞の形を選ぶというのは、日本人学習者の間違えやすいところですが、その理由の一つは、出鱈目に様々な用法を丸暗記しているからではないでしょうか。それぞれの形に内在する本質的な意味を学んでおけば、想定外の事例に出くわしても対応できる応用力が身につきます。**訳語で覚えるのではなく、原理原則を理解する**。英語学習では、これを心がけてください。

文献案内

* Leech, G. (2004). *Meaning and the English Verb* (3rd edition). Pearson.
    > すでに紹介しましたが、この本は、動詞の変化形に対する優れた研究書です。包括的な記述であるにも関わらず、通読できるほど薄い。そこに著者の並々ならぬ技量を感じます。本章の説明や例文の多くは、同書に依っています。
* Swan, M. (2005). *Practical English Usage* (3rd edition). Oxford University Press.
    > やはり紹介済のものですが、Swan の *Practical English Usage* も再度推薦しておきます。この本の優れたところは、教育・学習上の観点に立った簡潔明瞭な説明です。進行形の本質は「一時的に進行中」、現在完了形の要点は「今と何らか関わりがある過去の出来事」。この説明は、同書から採用したものです。
* Celce-Murcia, M. & Larsen-freeman, D. (1999). *The Grammar Book: An ESL/EFL Teacher's Course.* Heinle & Heinle.
    > 英語教師の方、あるいは家庭教師などで英語を誰かに教えることになった場合には、この英語教師向けの英文法書も役に立ちます。海外のTESOL コースなどで、「教育英文法（pedagogical grammar）」を履修すると教科書に指定されることの多い本です。教えるための工夫やアクティビティの紹介もされています。形と意味と使い方（form-meaning-use）を統合するというのが、この文法書を貫く大原則です。時制と相に関する章では、この観点から、学習者の間違いやすい使い分けが詳しく説明されています。また、時制と相を区別し、相のそれぞれの変化形に関してコアの意味を紹介してから、詳しい用法の説明に移る点、優れた解説になっています。

コラム⑦ 英語史の効能その2

「英語に未来時制はない」という言葉を耳にしたことがあるかもしれません。これはどういう意味かと言えば、「英語には未来を表す動詞の語尾はない」ということです。「時制」というのは、厳密には話者の心的態度・判断を表す動詞の活用形のことです。過去を表わす語尾（-ed）はありますが、未来を表す語尾というのはありません。だから、言語学者は、「英語には過去時制（past tense）と非過去時制（non-past tense）しかない」と言ったりするのです。

古英語時代にまで遡ると、いわゆる現在時制で未来を表すのは決して珍しい現象ではありません。その意味では、現在時制は「非過去（non-past）」と呼んだ方が正確でしょう。

その後、英語話者の間で未来を現在と区別して意識する傾向が強まったせいか、様々な未来表現が発達します。will は、その一つに過ぎません。表したい未来のニュアンスに応じて、be going to を使ったり、現在進行形を使ったり、現在普通形を使ったりします。未来に対する心理的な距離感に応じて、使い分けます。以下、上の例文から順番にだんだんと距離感が近くなっていきます（Leech 2004）。

Tomorrow's weather will be cloudy.「明日の天気は曇りでしょう」（単なる予測）
Look at all these clouds. It's going to rain soon.「この雲を見てよ。すぐ雨になるよ」（すでに予兆のある未来）
My grandparents are leaving tomorrow.「祖父母は明日出発することになっている」（今すでに約束・予定のできている未来）
Tomorrow is Sunday.「明日は日曜日だ」（変更の余地のない確定した事実）

同じ形には同じ意味がある。Tomorrow is Sunday. の現在普通形には、The sun rises in the east. の現在普通形と同じ意味があります。どちらも疑問の余地なく、絶対確実に起こる事実なのです。

前のコラム⑥で英語史を学ぶと、現代英語の「例外」が説明できるということを述べました。

「時や条件を表す副詞節では未来のことであっても現在時制を使う」というルールを中学生の時に不思議に思った人も多いのではないでしょうか。こうした「例外」は、多くの場合、昔は規則的だったものの残滓として説明できます。先ほど指摘したように、古英語時代には未来表現はまだあまり発達しておらず、現在時制で未来を表すのは普通のことでした。当時は主節でも現在時制で未来を表していたのです。

ところが、後になって will や be going to などの未来表現が発達すると、主節ではそれを使うのが普通になっていきます。その方が正確に意図を伝えられるからです。しかし、I'll be there before you leave.「君がいなくなる前に行くよ」など、主節で will を使って未来を表している場合、副詞節でまで未来を表す will を使う必要はありません。言語は無駄を嫌いますから、わざわざ未来表現を使う必要のないところには、昔のままの現在時制が残ったというわけです（江川 1991; Brunner 1960, 1962）。実際、名詞節であっても、I hope you feel better soon.「早くよくなるといいね」など、未来表現を使う必要がないほど明白なことであれば、現在時制を使うことがあります。

このように英語史を知ると、なぜ英語に様々な未来表現があるのか、その事情が理解できるだけではなく、いわゆる現在時制の示す時間の幅が現在に留まらないことまで、理性的に納得できるのです。学校の英語の授業中に度重なる「例外」の登場にイライラした気分を抱いた覚えのある人は、ぜひ英語の歴史を学んでみてください。英語の世界が驚くほど理性的に整理されること間違いなしです。

08章　態の話

◆「主語と述語動詞」が英文の基本

　述語動詞の形を適切に選べるようになれば、英語学習も大きな山を越えたと言えるでしょう。**英文の基本は、主語と述語動詞**です。適切な主語を設定し、それに対して述語動詞を適切な形で続ける。実は、これさえできれば、最低限意味の通じる英語の単文を作ることはできます。プラトンが指摘しているように、ものを言うのに必要なのは、主語と述語の二つなのです（渡部 1988）。

　しかし、主語を省略することの多い日本語の世界に生きてきた日本人には、毎回出来事の主人公を明確にして主語に設定するのはしんどいことです。また動詞の形も、助動詞もあれば、時制・法もあれば、相に応じた変化性もあり、これまで見てきたように一筋縄ではいきません。

　そして、動詞の形と言えば、**態の選択（能動態か受動態か）** も日本人を悩ませる問題の一つです。本章では、動詞の話の締めくくりとして、受動態の話をしたいと思います。

◆視点の転換

　毛布があり、猫がいる。それぞれの位置関係は、毛布が上で、猫が下です。その状景を皆さんはどのような英文にするでしょうか？

A. The cat is under the blanket.
　猫が毛布の下にいる。
B. The blanket is over the cat.
　毛布が猫の上にかかっている。

　果たして、どちらの英文が皆さんの頭には浮かんだでしょうか。この二つはどちらも正しい英文です。描写している状景に差があるわけでもありません。では、この二文はいったい何が違うのか。それは視点の置き所です。カメラがフォーカスしているところが違うのです。

　猫を探していたとすれば、当然関心があるのは猫の居場所です。もしそのように猫に注意が向けられていたのであれば、出てくる英文

はAでしょう。認知言語学の用語を使うと、このとき、猫が**前景化 (foregrounding)** されており、毛布は**背景化 (backgrounding)** されていると言います。カメラは猫にズームアップしており、毛布はあくまでも背景に過ぎません。

一方、「毛布はどこ？」と聞かれていたのであれば、関心の中心は毛布です。このとき口をついて出てくる英語はBでしょう。このときは、毛布が話者の意識の前面に出てきています（前景化）。焦点から外れた猫は、背景と化して意識の隅へと追いやられてしまいます（背景化）。

◆動作主の消失

このように私たちは同じ状況であっても視点の置き方次第で表現方法を変えます。そして、**能動態・受動態の区別**というのは、実は、この**視点の転換に応じた表現形式の選択**に他なりません。

誰かが何かをしない限り、基本的には何も起こらないと英語話者は考えるので、出来事には、動作をした主体（動作主）と、その動作の影響を受けた客体（動作の受け手）がいると分析します。このとき、**動作主を前景化するのが能動態**です。反対に、**動作の受け手を前景化して、動作主は背景化するのが受動態**です。あたかもマジシャンが観客の注意を別のものに向けている間に消失マジックをやるように、受動態を使ってある状景を描写することによって、動作の受け手に注意を向けて、動作主をその場から消してしまうことができるのです。

Tom broke the window.「トムが窓を壊した」と言ってしまえば、トムは責任を逃れようがありません。しかし、The window was broken.「窓が壊された」と言ったとき、誰がいったい窓を壊したのかということには注意が向かなくなります。これが**動作主の消失**です。

学校では、The window was broken by Tom. と書き換えさせられますが、実は **by...を使って動作主を明示する受動態**というのは珍しい代物です。何しろ、受動態の一番大事な機能は、動作主を背景化して、意識から遠ざけることなのですから、以下のように、by... という語句は現

れないのが普通です。

English is spoken around the world.
英語は世界中で話されています。
Pineapples are grown in Hawaii.
ハワイではパイナップルが栽培されている。
The bank was robbed yesterday.
その銀行は昨日強盗に襲われた。

このとき、意識の中心にあるのは、英語であり、パイナップルであり、銀行です。動作主（英語を話している人、パイナップルを育てている人、銀行を襲った強盗）は、明白に過ぎるか、あるいは誰だかわからないか、いずれにせよ重要ではないのです。だから文にも出てきません。
　動作の受け手が前景化し、動作主は背景化される。それが受動態の要諦です。

◆**無標・有標再び**
　無標・有標という区別を覚えているでしょうか（→本書第 2 章）。
　本書で何度も紹介し、利用してきた有標・無標という区別は、実は受動態についても色々と有益な示唆を与えてくれます。大雑把に復習しておくと、言語というシステムの中では、**一般的で中立的な表現形式**と、**例外的で特殊なニュアンスを有する表現形式**が対立して存在する。そして、前者を**無標**、後者を**有標**と呼ぶのでしたね。あることを表すときに、普通の言い方をすることもできれば、特殊な言い方をすることもできる。ただし、後者の選択をした際には、当然特別な意味合いが生まれるのです。
　受動態においては、動作主を表さない受動態が無標の形です。一方、受動態の文において by を使って動作主を表すのは有標の形ですから、動作主が重要な新情報であるなど、必ず何かしら理由がなければなりません。実際、ある調査によれば、**受動態の文のうち、動作主が明示さ**

れていたのは、たったの 15%だったそうです（Celce-Murcia & Larsen-Freeman 1999）。学校での書き換え作業を引きずって、受動態で by を使うのは差し控えた方がいいでしょう。

◆あえて動作主を隠す

ときに私たちは、動作主を知っていても、あえて触れたくないということもあります。そういう時、受動態は誰がやったのか言わずに済みますから、大変有用なのです。

> The office door was left unlocked last Friday.
> 先週の金曜日、オフィスのドアに鍵がかけられていないままでした。

犯人を知らないから受動態を使ったということも十分にありえますが、あるいは、実は誰が戸締りを怠ったのか知っていて、あえて特定するのを避けているのかもしれません。恥をかかせたくないので、受動態にすることによって動作主を背景化し、状況描写から消したのです。

もし犯人を知っていた上で、その人物を前景化したいのであれば、当然能動態を使っていたでしょう。Taro left the office door unlocked last Friday.「太郎が先週の金曜日、オフィスのドアを開けっ放しにしました」と言われた日には、太郎さんは、そこにいる人全員の意識の中心に立つことになります。前に出て謝るより他に手はなくなってしまいます。

レーガン大統領（Ronald Reagan, 1911-2004）が、イランとの武器取引を糾弾されたとき、serious mistakes were made「重大な間違いがありました」と言って非を認めたことがありました（1987 年 1 月 27 日の一般教書演説）。これも実に巧みな受動態の使い方です。誰が間違いを犯したか、責任の所在がまったくわかりません。大統領自身なのか、それとも政権内の誰かなのか。案の定、新聞に「大統領は責任をきちんと認めていない」と批判されてしまいましたが、それも当然でしょう。それでも、レーガンは能動態を使うわけにはいかなかったのです。何せ能

動態を使った瞬間に、間違いを犯した動作主が前景化され、責任の所在が天下に明らかになってしまうからです。

2006年、当時の副大統領のチェイニー（Dick Cheney, 1941- ）が狩猟中に間違って友人の弁護士ハリー・ウィッティングトンを撃ってしまったことがありました。この出来事をどう表すか。Cheney shot Whittington. と言えば、チェイニーが責任を負うべき直接の原因であることは明白です。しかし、Whittington got shot by Cheney. と言うと、チェイニーが背景化され、起きてしまったことに対して距離が出ます。Whittington got shot. とすれば、チェイニーは完全に消えてしまいます。

ちなみに、チェイニー自身は、Ultimately I'm the guy who pulled the trigger that fired the round that hit Harry.「最終的には、私がハリーを撃った弾を発射した引き金を引いた人間だ」という言葉を使っていました。これは、回りくどく表現することで責任回避を図っていますね。

チェイニーの上司であったブッシュ大統領の表現はもっと巧みです。He heard a bird flush, and he turned and pulled the trigger and saw his friend get wounded.「鳥がパッと飛び立つ音を聞いて、振り返って、引き金を引いたら、友人がケガをしているのを目にしたんだよ」。この英文では、チェイニーは出来事を引き起こした動作主ではなく、単なる目撃者です。つまり、同じ出来事であっても、それをどのような視点から眺めるのかに応じて、Cheney shot Whittington. とも Cheney saw Harry get wounded. とも言えるというわけです。後者では、誰がケガをさせたのかサッパリわかりません。

このように**受動態とは動作主を消してしまうことができる形**です。そうした必要性を感じたときにこそ、受動態を使うのだと心得ておいてください。

◆ "get" passive

チェイニー元副大統領に関する例文の中にあるように、受動態は、「**be動詞＋過去分詞**」以外に、もう一つ「**get＋過去分詞**」という形もあります。「彼は昨年逮捕された」というのは、He was arrested last year. とも言え

るし、He got arrested last year. とも言えます。

　この二つの受動態の違いを理解するために、また有標・無標の区別に登場してもらいましょう。**同じことを二つの形で言えるとき、片方が無標で、もう片方が有標**。これが原則です。

　当然、「**be動詞＋過去形**」**が無標の受動態**です。一般的な表現形式なので、意味合いも中立的なものになります。

　それに対して、わざわざ「**get＋過去分詞**」を使うのは有標です。珍しい形を使えば、特殊なニュアンスが出ます。では「get＋過去分詞」には、どのようなニュアンスが出るのか、次の例文で確認してみてください。

> A: And er she had gone in the house because I gave her the key. And for some reason, don't ask me why, but she couldn't get out.
> それで、えっと、彼女、家に入っちゃってさ、鍵渡していたからね。で、なんでか、なぜかは聞かないでね、出られなくなっちゃったんだよね。
> B: Oh, no. She <u>got locked in</u>.
> あら、彼女閉じ込められちゃったんだ。

　この例文に明らかなように、**基本的にネガティブな出来事に対して使われる**ことが多いようです（Celce-Murcia & Larsen-freeman 1999)。この点、日本語で言う「被害」の受け身と似ています。「雨に降られた」など、迷惑をこうむるというニュアンスが日本語の「れる・られる」には潜在しますが、これと「get＋過去分詞」には通じ合うところがあります。I got shot.「銃で撃たれた」、He got killed.「殺された」、She got beaten.「ぶたれた」など、何かしら嫌なことをされたときに使うようです。

　さらに上記の会話に見られるごとく、**getを使った受動態は、インフォーマルな口語体**になります。これは、getという言葉が会話で最も多用される動詞だからでしょう。フォーマルな書き言葉では、避けるべき言葉遣いなのです。

また「be 動詞＋過去分詞」は、動作だけではなく状態も指せますが、「get ＋過去分詞」では動作が強調されます。これも get という言葉に「～になる」という変化の意味合いが込められているからでしょう。He got arrested. は「彼は捕縛されていた」ではなく、「（捕まえられている状態になった→）捕まった」という意味で、**動的な状景描写**です。

　このように見てくると、**get を使う受動態は、基本的には会話で使うもの**だとわかります。会話で何かしら嫌な体験を生々しく描きたいときに使うと覚えておけば良さそうです。正式な書き言葉では get を使った受動態は使用を避けた方が無難です。何しろ、コーパス研究の調査結果によれば、会話以外では現れない形であり、かつ会話においてさえ珍しい形とのことです。

◆日本語と英語の対照（日本語の発想）

　最後にぜひ強調しておかなければならなういことが一つあります。それは、英語では、**能動態が無標で、受動態が有標**だということです。つまり通常、英語話者は能動態を使うのです。受動態を使うのは、動作主の背景化という特殊効果を狙うときだけです。

　これを強調するのは、**日本人には受動態を多用しすぎる傾向がある**からです。そして、どうやらこれには、日本語特有の思考パターンが関係しているようなのです。

　たとえば、私たちは、「～することになる」という表現をよく使います。私が留学に際して仕事を辞めるときも、「このたび辞めることになりまして」などと周囲には言っていたものです。

　しかし、よくよく考えれば、これは変な表現です。どう考えても「私が仕事を辞めることにした」のであって、決して自然にそう「なった」わけではありません。にも関わらず、日本人は「～する」ではなく「～なる」という表現形式を好みます。

　ある出来事が起きたとき、私たち日本人は誰が何をして、それがいかなる結果を引き起こしたのか、あまり明確に言葉にしたがらない習性を持っているようです。動作主と受け手、原因と結果、責任の所在といっ

たものを明確にするよりは、自然にこういう事態に至ってしまったと考える癖が日本語脳には刻み付けられています。

　絶対的な法則ではなくあくまでも傾向に過ぎませんが、このように**日本語は「＜こと＞が起こる」という発想を基本とする**ようです（池上 1981；安西 1983）。出来事全体に焦点をあてて、そういう事態に「なる」と考えるのです。だから、動詞が中心となって、文が構成され、述語が文の骨格をなし、主語は必要に応じて出てくるだけとなります。これが往々にして日本語で主語がない文が出来上がる理由でしょう。**＜こと＞中心の捉え方から、「なる」型の表現が生まれる**ということです。

　◆**日本語と英語の対照（英語の発想）**
　一方、**英語は、「＜もの＞が＜もの＞に働きかける」という発想が基本**です。日本語のように、自然にそう「なる」のではなくて、出来事とは「何かが何かを『する』こと」という分析をするのです。出来事や事象を分析して、その中の個体に焦点を当てる。そして個体間の働きかけ、つまり原因と結果という因果関係を明確にすることを常とします。

　こうした＜もの＞中心の捉え方から、**名詞を中心とした文の構成方法**が生まれます。**働きかける主体（＝主語）**とその**動作を受ける客体（＝目的語）**を常に明示するのです。よって、英語では、SVO（＝「主体＋その働きかけ＋それを受ける客体」）が基本的な構文となり、「なる」型ではなく、「する」型の表現が支配的となります。

　たとえば、大雨と洪水という出来事があったとして、日本語では「大雨で洪水が起こった」あるいは「大雨のせいで洪水になった」などとは言いますが、「大雨が洪水を起こした」とはあまり言いません。英語では、The heavy rain caused floods. が普通の表現形式です。

　◆**受動態は英語では異端**
　受動態というのは、**「する」型の表現をモットーとする英語において、「なる」型に近い異端**なのだと覚えておきましょう。動作主を隠すことからして、非常に英語らしくないのです。むしろ日本語的発想に近いと

さえ言えるでしょう。だから日本人は受動態を心地よく感じて使いすぎてしまうのかもしれません。

どれくらい受動態の使用が英語において異端であるか。コーパス研究の調査によれば、**会話では、受動態の用例は、すべての述語動詞のたったの 2%程度**でしかありません。ジャーナリズムや学術的な文章では、割合は増えますが、それでもそれぞれ 15%・25% 程度です（Biber, Johansson, Leech, Conrad, & Finegan 1999）。

やはり受動態は英語という言語においては有標の表現形式なのです。おそらくは、動作主を背景化するという受動態の機能が、出来事を分析せずに全体で捉える「なる」型の発想に近いもので、特別な事情がない限り、英語話者にとっては不自然な表現方法に感じられるからでしょう。

◆中間態（Middle Voice）

ちなみに、英語にも「なる」型表現は存在します。いわゆる**自動詞構文**がこれに当たり、専門用語では、**中間態 (Middle Voice)** とも言います。これを使うと**「動作主の存在なく自然に起きた出来事」**というニュアンスが生まれますが、英語話者にしてみるとある種の不気味さを感じる表現方法のようです。

> We were sitting quietly after the dinner, when suddenly the door opened.
> 私たちは夕ご飯の後、静かに座っていたんだが、そのとき突然ドアが開いたんだ。

ドアを誰かが開けたのではなく、誰も何もしていないのに勝手にドアが開いたのです。もし the door was opened であれば、動作主は明示されていないだけで、存在します。

「財布が見つかった」「アパートが建った」などのような自動詞表現は、日本語では普通ですが、外国語として日本語を学ぶアメリカ人には、珍奇に思えるもののようです。あたかも誰が何をすることもなく、財布が

自発的に見つかり、アパートが自動的に建ったかのようで、変だと思えるのだとか。たしかに英語では、The wallet was found.「（誰かによって）財布が見つけられた」とは言えても、*The wallet found. とは言えません（白井 2008）。

◆態の選択が伝えるもの

仕上げに一つクイズをして本章を締めくくりたいと思います。

たとえば、友人から借りていた iPod を壊してしまった場合、どのような英語で謝るべきでしょうか？

　　I broke the iPod.
　　The iPod was broken.
　　The iPod broke.

日本語では「借りてた iPod 壊れちゃって……」でも差支えありませんが、英語で The iPod broke. と言うと、あたかも何の原因もなく機械が自然に壊れたということを強調することになります。動作主が存在しない出来事として描き出すわけですから、私のせいではないと言っているに等しく、相手の気分を害してしまうかもしれません。この後で Sorry と続けても、「ごめんなさい」ではなく、「残念だ」という意味に取られてしまうこともありえるでしょう。

一方、受動態（The iPod was broken.）の場合、壊した原因である動作主は存在するが明示しないという選択肢を取っているので、責任逃れか、あるいは誰かを庇っていることになります。

要は、もし自分が壊したのであれば、シンプルに I broke the iPod. と能動態を使うべきなのです。それが英語では一番普通の表現形式なのですから。

受動態は使いすぎるな。動作主を背景に隠したいときだけ、使うべし。それが英語の原則です。基本的には能動態を使って、必要と理由があるときだけ受動態を使う。そう心がけておいてください。

文献案内

* 池上嘉彦（1981）『「する」と「なる」の言語学』大修館書店
  * ➤ 英語の受動態について、日本語との対照を経て、鋭い洞察に満ちた考察を展開している本です。「英語の受動態は「なる」型表現」という観察など、本章における日本語・英語の対照論は、同書に依るところが大きいです。
* 安西徹雄（1983）『英語の発想―翻訳の現場から』講談社（講談社現代新書）
  * ➤ 上掲の池上氏の研究書の成果を利用しつつ、翻訳の現場に立った経験を活かして、見事な日本語・英語対照論を展開しています。翻訳に役立つ実践的なコツも満載です。同著者の『英文翻訳術』（ちくま学芸文庫）もとても実践的で有益な本です。これ一冊読んでおけば、英語の訳出に困ることはあまりないでしょう。
* Boroditsky, L. (2011). How Language Shapes Thought. *Scientific American*, 304(2), 62-65.
  * ➤ 言語が思考に影響を及ぼすということについては、Boroditsky という認知心理学者が面白い論考を発表しています。ここで紹介している一般読者向けのエッセイに彼女の主張が読みやすい形でまとめられています。
* 白井恭弘（2008）『外国語学習の科学―第二言語習得論とは何か』岩波書店（岩波新書）
  * ➤ 自動詞構文に関する英語と日本語の比較については、この本を参照しました。第二言語習得研究の成果をわかりやすく解説した好著です。

コラム⑧ 言語相対説

ボロディツキーという認知心理学者が面白い実験結果を報告しています（Boroditsky 2011）。言語は人間の認知能力に影響を及ぼすというものです。

英語話者は、John broke the vase.「ジョンが花瓶を壊した」のように他動詞を使って表現することを好む傾向があります。たとえジョンが意図せずにうっかり花瓶を割ってしまった場合も、他動詞構文を使用して動作主を明示するのです。対して、日本語話者は、意図せずに花瓶が割れたのであれば、わざわざ動作主を明示することはせずに、「花瓶が壊れた」と自動詞構文で表現することが多いものです。そして、こうした言語上の差異が、それぞれの言語を話す人間の記憶能力に影響を与えていると言うのです。

英語話者と日本語話者それぞれに、いくつかのビデオを見せます。ある人物が花瓶を割ったり、卵を割ったり、飲み物をこぼしたりする映像です。ただし、意図的な場合と意図的ではない場合と二つのパターンがあります。そして、この同じ出来事をそれぞれのグループがどのように言語化するかを比べます。

意図的な出来事の場合は、いずれのグループも「ジョンが花瓶を割った」という他動詞構文を使ったそうです。そして、同様の正確さで花瓶を割った人間の顔を覚えていたのです。

これに対して、登場人物に花瓶を割る意図はないのに、事故で花瓶が割れた場合では、違いが出ます。英語話者が依然として他動詞構文を使い、花瓶を割った原因となった人物の顔もよく覚えていたのに対して、日本語話者は自動詞構文を使うことの方が多く、顔もあまり覚えていなかったのです。

このほかにも、ボロディツキーは、様々な事例を紹介して、言語が思考に影響を与えることを例証しています。こうした考え方は、提唱した2人の学者の名前を取って「サピア＝ウォーフの仮説」（the Sapir-Whorfian Hypothesis）と呼ばれたり、あるいは「言語相対説」（Linguistic Relativism）と呼ばれたりします。古くは、ドイツの学者フンボルト（Wilhelm von Humboldt,

1767-1835）に遡る考えです（渡部 1973）。一時期は、素人的な誤謬として言語学者に鼻で笑われることもあった説です（Pinker 1994）が、新しい証拠が別の分野から提出されて支持を回復しつつあります。

　言語が思考に及ぼす影響を逃れることのできない絶対的な枷(かせ)のように考えるのは問題があるかもしれませんが、かと言って、各言語にある種の傾向や癖があることは否定しがたいでしょう。そして、そうした言語上の癖が認知能力にある程度の影響を与えたとしても、不思議には思えません。何しろ、私たちは毎日間断なく言語を使っているのですから。

　外国語学習の際に大事なことは、目標言語の癖を把握することです。英語という言語は能動態を好むのか、受動態を好むのか。能動態でしたね。他動詞構文を好むのか、それとも自動詞構文を好むのか。他動詞構文でしたね。

　こうした傾向の裏には、英語話者の大部分に見られる思考の癖が潜んでいます。英語話者は、誰が何をして、どういうことを引き起こしたのか、動作主を明確に言語化したがるようです。反対に、日本語話者は動作主を隠したがります。

　こうした思考と言語の癖を認識した上で、自分の母語と比べて違いを認識することは外国語習得にも大いに役立ちます。自分では無標の表現形式を選んでいるつもりでも、その表現形式は、別の言語では有標かもしれず、意図しない誤解を招いてしまうかもしれません。たとえば、日本人が自動詞構文や受動態を多用するとき、自分の意図には反して、責任逃れに聞こえてしまうかもしれないのです。

　言語相対説の学問的真偽はさておき、外国語学習においては、それぞれの言語特有の癖を意識的に学んだ方が上級者への近道でしょう。まずは無意識の癖を意識することからです。そのように母語と外国語を意識的に勉強しているとき、私たちは、多様なものの捉え方を学ぶのです。外国語を学ぶことは、新たな世界の見方を知り、自分の世界を広げることにつながります。外国語学習には、コミュニケーション以上の価値もあるのです。

09章　相当語句（句と節）の話

　…こうした悩み［文法病］から解放されたのは、前にふれた細江逸記先生の『英文法汎論』を独修したおかげである。細江先生の本から学んだことは実に多かったが、最も大きなことの一つは相当語句（equivalent）という概念を教えられたことである。（渡部 1996, p. 204）

◆細江逸記『英文法汎論』

　私が上智大学文学部英文学科に入学して最初に受けた授業の一つが、渡部昇一先生の英文法概論でした。教科書は、細江逸記の『英文法汎論』です。「この本は世界で最高の英文法書である」というのが渡部先生の評価でした。

　『英文法汎論』に言及する英語学者もたまに見かけないわけではありませんが、そのほとんどが「日本に5文型を導入した」という程度のものです。ところが、渡部先生の細江文法観は違いました。叙想法（thought-mood）の箇所を読んでいるとき、「仮定法に関する説明は、わかったようでわからないものが多いですが、この細江博士の説明だとすべてがスッキリわかります」と断言されました。確かに、その通りでした（→第6章）。

　そして、渡部先生は、冒頭に引用した通り、**相当語句**という概念の有用性を授業内でも口を極めて強調されました。これも後になって考えれば考えるほど的確にして有益なコメントでした。何しろ相当語句という概念さえ掴めれば、インプットもアウトプットも英語力が別の次元へと跳ね上がるのです。

　『英文法汎論』が優れた文法書であるわけは、その章立てに明らかです。第一章・第二章・第三章で品詞と文型を概観した後、すぐに相当語句に入るのです。その後、100頁にわたって相当語句が詳説されます。細江逸記の言葉を借りれば、「これらに関する正確な認識は、特に現代英語の理解にはきわめて肝要である」（細江 1971, p. 47）からです。私も職業柄、色々な文法書に目を通してきましたが、このような章立ての文法書を寡聞にして他に知りません。本章では、細江逸記の洞察を利用

しながら、相当語句という概念の深遠を探っていくことにしましょう。

◆ **Thunderbirds are go!**
『サンダーバード』を知る人も今ではずいぶん少なくなりました。かく言う私自身も決してリアルタイムで視聴していたわけではありません（何しろ私が生まれる前の番組です）が、そのテーマ曲くらいは知っています。そのテーマ曲は実に印象的な英語で始まります。**Thunderbirds are go!**「サンダーバード号、発進準備完了！」という高らかな宣言から曲が始まるのです。

サンダーバードというのは、主人公たちが操るロケットのような乗り物のことです。1号、2号、3号、4号とありますから、複数形になるのはわかります。問題は主語のあとです。be 動詞＋ go という組み合わせは、少しでも学校で英語を勉強した人には衝撃的なものでしょう。be 動詞と一般動詞を一緒に使ってはいけないというのは、中学校で最初に習うルールの一つです。

一度この手のことが気になりだすと、次から次へと気になる事例が見つかります。そして文法病を発病するのです。私も、文法病を患っていました。高校3年生のときに、予備校で規範文法を教わり、その論理的な整合性に感激しました。ところが、英語を深く知れば知るほど、どうもその論理性から零れ落ちるとしか思えない例がたくさん見つかるのです。それをしっかり説明したい。そう思って入学した大学で、渡部先生に出会い、細江文法に出会えたのは、まことに幸運なことでした。この**文法病を快癒させるには、何としても相当語句という概念が必要**だったのです。

◆**品詞分類の起源**
大事なのは、品詞というのは、人間が言語を分析するために生み出した便利な分類法に過ぎないという認識です。

　　　　この類別［8品詞］は相対的のものであって、けっしてしかじかの

> 語は常にしかじかの詞類に属するというような厳然たる区別のあるものではない。たとえば、われわれが house という語に接して、通常これを名詞と考えるのは、ただこの語が最も普通には名詞として用いられることを認めるからで、けっしてこの語自体にそれが名詞でなくてはならない特性または理由を内包するからではない。(細江 1971, p. 7)

　人間の言語分析には歴史があります。プラトンやアリストテレスのような古代ギリシャの哲学者たちは、言語を哲学的・論理的に分析して考えました。そうした言語分析とは違って、読めない文献を読むための言語分析の手法として紀元前 100 年ごろのエジプトはアレキサンドリアで発達したのが伝統文法、すなわち品詞分類でした (渡部 1996)。
　学校で文法を習うと、つい先に品詞があって、そのあとで言葉があるような錯覚を抱くようになってしまいます。「house は名詞」という思い込みがこれに当たります。
　しかし、**先にあるのは言葉であって、品詞分類ではありません**。言葉を分析して、人間が後付けで品詞を割り当てたのです。house という言葉の用例を見ていると、どうも「家」という意味で主語になったり目的語になったり、名詞として使われる場合が一番多い。それだけのことです。別に house が絶対に名詞でなければならない理由は何もありません。実際、「〜を住まわせる」という意味で動詞として使われることもあります。
　5 文型というのは、英文のパターンを便宜上五つに分類したものでした。それと同様に、八品詞というのも、言葉を便宜的にいくつかの種類に分類したものです。それは非常に便利なものです (現時点で、これに代わりうる実用的な言語分析法は他にありません) が、あくまでも便宜的な手段に過ぎません。**品詞は絶対にあらず**。そういう相対化が、英語学習の道を一歩先に進むためには必要です。

◆品詞は変わる

　たとえば、but という言葉は、普通「等位接続詞」という種類に分類されていますが、それ以外にも様々な使い方があります。『英文法汎論』の例文を借用すれば、かくも多様な使い方があるのです（細江 1971, pp. 7-8）。

> You pass away <u>but</u> Rome endures.
> 君は消え去るが、ローマは残る。
> ➤ この but は等位接続詞。この場合は、「しかし」という逆接の意味。
>
> It never rains <u>but</u> it pours.
> 降れば土砂降り（大雨でない限り、雨など決して降らない）。
> ➤ この but は従属接続詞。この場合は、「〜でない限り」という意味。
>
> Nobody <u>but</u> me had the patience to listen to him.
> 私以外の誰も彼の話を聞くほど辛抱強くなかった。
> ➤ この but は前置詞。「〜を除いて（= except）」という意味。
>
> The path of glory lead <u>but</u> to the grave.
> 栄光の道も墓へと至るのみ。
> ➤ この but は副詞。「〜のみ（= only）」という意味。
>
> There was not a bird <u>but</u> knew her well.
> 彼女のことをよく知らない鳥などいなかった。
> ➤ この but は関係代名詞。否定語を含む that に等しい。
>
> <u>But</u> me no <u>buts</u>.
> 『しかし』『しかし』というのをやめなさい。
> ➤ 最初の but は動詞で「（『しかし』と言う言葉を）言う」、二番目の but は名詞で「『しかし』という言葉」という意味。

　こうして見てみれば、なるほど**品詞というのは便宜的なもの**だということがよくわかります。

◆相当語句という概念

　このように言葉はいつも同じ使われ方をするというわけではありませ

ん。ということは、普段我々が名詞と認識している言葉が動詞として使われてもおかしくないし、形容詞として使われてもおかしくないし、副詞として使われてもおかしくはない。そういう風に発想を転換することができます。

　そして、この**品詞の転換現象を説明するのに便利な概念が相当語句**なのです。たとえば、先ほどの Thunderbirds are go!「サンダーバード号、発進準備完了！」。go という言葉は、普通は動詞の用法しか習いませんが、別に go という言葉が絶対に動詞でなければならないという必然性はないのです。単に「行く」という意味の動詞として使うことが一番多いというだけの話です。Thunderbirds are go! では、go は be 動詞の後に来ているので、補語の役割を果たして、「準備万端である」という主語の状態を説明しています。そのように名詞の状態を説明する言葉は、定義によって形容詞です。よって、これを**「形容詞に相当する言葉」すなわち形容詞相当語句**と細江逸記は名づけるのです。

　このように相当語句という言葉を使えば、文法病患者を悩ませるような事例がすべてスッキリと説明できます。

◆**相当語句の応用例**

　たとえば、2014 年 4 月 19 日付けの『エコノミスト』の記事に "The return of the stay-at-home mother"「専業主婦の復活」と題されたものがあります。1967 年には、アメリカの全女性のうち、49% が専業主婦として家にいた。1999 年には、これが 23% まで減少。その後も減少していくかと思いきや、その後 15 年間にわたって専業主婦の割合は着実に増えている（"the proportion of stay-at-home mothers has been rising steadily for the past 15 years"）ということを指摘した記事です。

　この stay-at-home mother「専業主婦」という表現を目にして、文法病患者は思い悩みます。stay は動詞じゃないのかということが気になるのです。go の形容詞用法は辞書にも載っていますが、stay を辞書で引いてみても形容詞の項目などありはしません。

　しかし、すでに述べたように、品詞分類はあくまでも便宜的なものに

過ぎず、言葉は必要に応じて名詞相当語句にも形容詞相当語句にも副詞相当語句にもなります。「ああ、そうか、この場合は stay-at-home で形容詞相当語句なんだ」と考えれば、それでいいのです。

　もう一つ追加の例を足しておきます。Facebook で見かけた英文ですが、ある男女の口論を目撃した人が、男の説得が失敗した理由として、because he's taking the "I am right" stance「その男性は『俺が正しい』という態度を取っていたから」と述べていました。the "I am right" stance「『俺が正しい』という態度」という名詞句の中で、"I am right" という部分は、後に続く stance という名詞の説明をしているので、形容詞相当語句として機能しています。ある単語が別の品詞に変わるだけではなく、文さえも同様の転換を果たすことができるのです。

　英文科出身の端くれとして、シェイクスピアからも一つ例を引いておきます。シェイクスピアは、自由自在に品詞を転換することで有名です。シェイクスピアが生きたのは 1564 年から 1616 年（これを英文科生は、「人殺し、いろいろ」と覚えさせられますが、確かに彼の作品では人がよく死にます）。規範文法が確立するのは 18 世紀末ですから、規範文法のルールは気にせずに好きに振る舞えたということも大きいでしょう。『ハムレット』に、"It out-Herods Herod."「それはヘロデ王に勝る残虐行為だ」(*Hamlet*, III. ii. 16) という台詞が出てきます。Herod というのは、聖書に出てくる幼児虐殺で有名なユダヤの王です。それに out- という接頭辞をつけて、「残虐さにおいてヘロデに勝る」という意味の動詞相当語句にしてしまっているのです。

　これを応用した例は現代英語でも見つかります。たとえば、以下の英文において、out-Bush は「愚かさにおいてブッシュ大統領に勝る」という意味です。

> Man, and I thought a $500 billion dollar budget deficit was nuts during the Bush administration. Under Obama it's 1.5 TRILLION !!! He's out-Bushing Bush.

いやあ、ブッシュ政権のときは 5000 億ドルの財政赤字なんてバカ

げているって思ったけど、オバマ政権では、今や1.5兆ドルだ！！
オバマは、ブッシュ以上のバカな政権運営をしているね。

　こういう融通無碍さこそが、人間の言語の表現力を支えるものですが、学校で習う英文法では捉えきれないところでもあります。それが相当語句という概念に通じると、途端にあれもこれもストンと腑に落ちるようになるのです。
　主語や目的語になっていれば、それは**名詞相当語句**です。名詞の説明をしていれば、それは「定義によって（by definition）」**形容詞相当語句**です。名詞以外の言葉（特に動詞）を修飾していれば、それはやはり「定義によって（by definition）」**副詞相当語句**です。
　これは英語学習者にとって便利極まりない英文分析法であるだけではなく、英語という言語の柔軟な呼吸を見事にとらえています。それを喝破して英文法の最重要項目に据えた細江逸記の慧眼たるや、さすがの一言です。相当語句という概念自体は、先学者の C. T. Onions から学んだものでしょうが、それを独自のものとして発展させる力量につくづく感嘆します。

◆**句と節＝名詞相当語句・形容詞相当語句・副詞相当語句**
　相当語句がわかると、to 不定詞も動名詞も分詞も接続詞も関係詞も全部わかってしまいます。
　to 不定詞とは、動詞に to をつけることによって、名詞相当語句・形容詞相当語句・副詞相当語句を作り出すことです。

　　To study music is a difficult task.
　　音楽を勉強するというのは、難しいことだ。
　　　➤ 主語になっているので、to study music は名詞相当語句。
　　Please tell me the easiest way to study music.
　　音楽を勉強する一番簡単な方法を教えてください。
　　　➤ 前にある the easiest way という名詞を説明しているので、to

study music は形容詞相当語句。

He went abroad <u>to study music</u>.

彼は音楽を勉強するために留学した。

➢ 「留学した（went abroad）」という動詞を説明しているので、to study music は副詞相当語句。

喩えていえば、to 不定詞の to は、『ひみつのアッコちゃん』の魔法のコンパクトのようなものです（喩えが古臭くて申し訳ない）。動詞が、to というおまけをつけて「テクマクマヤコン、○○になあれ」と唱えるだけで、自由自在に名詞のカタマリや形容詞のカタマリや副詞のカタマリに変身できるのです。

-ing という語尾も、to 同様に「魔法のコンパクト」です。動詞を名詞相当語句・形容詞相当語句・副詞相当語句に変身させるための道具なのです。

Yesterday I enjoyed <u>speaking with him at the party</u>.

昨日は、パーティーで彼との会話を楽しんだ。

➢ speaking with him は、enjoy「～を楽しむ」という他動詞の目的語になっているので、名詞相当語句です。

Do you remember the man <u>speaking with him at the party</u>?

パーティで彼と話していた男の人のことを覚えてる？

➢ speaking with him は、前にある the man という名詞を説明しているので、形容詞相当語句です。

<u>Speaking with him at the party</u>, I found him a pleasant guy.

パーティーで彼と話して、気持ちのいい男だと思った。

➢ speaking with him at the party は、I found him a pleasant guy「気持ちのいい男だと思った」という文に対して、その状況説明をしているので、副詞相当語句です。いわゆる分詞構文ですが、細かな分類には囚われず「V して」と考えれば、ほぼそれで解決します。

一番目の例文のように名詞相当語句になっている -ing 形のことを**動名詞**と呼ぶのは、その名の通り、**動詞から作り出した名詞**だからです。

　動詞に -ing という語尾を付けると、名詞相当語句だけではなく、形容詞相当語句も副詞相当語句も作れます。こちらのことを**分詞**と呼びます。元は動詞だけれども、**形容詞や副詞の役割も分かち持つ言葉**という意味です。分詞は英語では participle と言いますが、これは participate「〜に参加する」に通じる言葉です。動詞出身なのに、**形容詞や副詞の役目にも参加する言葉**ということですね。

　接続詞（従属接続詞）というのは、後に主語と述語動詞を持つ文が続きます。そして「接続詞＋文」で名詞相当語句・形容詞相当語句・副詞相当語句を作るのです。ちなみに、相当語句の中で、このように文（＝主語と述語動詞）を含むカタマリのことを**節**と呼んで、文を含まないカタマリである**句**と区別します。節のうち、形容詞節を作る言葉だけを別に取り出して、**関係詞**と呼んでいます。when という言葉を例に取ってみれば、こんな感じです。

　　I don't know <u>when he will come back</u>.
　　彼がいつ帰ってくるのか、わからない。
　　➤ when he will come back というカタマリは、know「〜を知る」という他動詞の目的語になっているので、名詞相当語句。「いつ SV なのか」という意味。

　　Do you remember the time <u>when we first met</u>?
　　私たちが最初に会ったときのことを覚えてる？
　　➤ when we first met というカタマリは、前の名詞の the time を説明しているので、形容詞相当語句。このとき、when のことを関係詞（関係副詞）と呼ぶ。関係詞は日本語にないので、訳出しない。

　　Please tell him to call me <u>when he comes back</u>.
　　彼が帰ってきたら、私に電話するように伝えてください。

> Please tell him to call me で文にとって必要な要素はすべてあるので、when he comes back というカタマリは「オマケ」として機能する副詞相当語句。「SV のとき」という意味。

　この場では細かいことはさておくとして、大事なのは、**to 不定詞や ing 形、あるいは接続詞や関係詞を見たら、そこからカタマリが始まると思うこと**です。そしてカタマリの範囲を見極めたら、カタマリ全体の文中における役割を考えて、名詞相当語句なのか、形容詞相当語句なのか、副詞相当語句なのかを判断する。動詞の前後や前置詞の後に来て主語や目的語になっていれば名詞相当語句ですし、前の名詞の説明をしていれば形容詞相当語句、それ以外はすべて副詞相当語句です。こうしたカタマリの範囲と役割を見抜けるようになると、英文理解の力は格段に高まります。

　逆に英文を作り出す際には、ぜひ「魔法のコンパクト」（＝動詞に to や ing をつける、あるいは接続詞や関係詞を使うこと）を駆使して、様々なカタマリを自由自在に生み出せるようになってください。長い名詞相当語句を目的語に使ったり、長々しく名詞を説明する形容詞相当語句を足してみたり、副詞相当語句で「いつ・どこで・どのように・なぜ」に当たる詳しい状況説明を追加してみたり、表現の幅が格段に違ってくるはずです。

◆**動名詞の意味上の主語（所有格か目的格か）**

　実際に、ちょっと英作文をしてみましょう。「そういえば、彼がそんなことを言っていたのを覚えている」というのを英語に直すと、どうなるでしょう。

　動名詞を使うと、「そんなことを言っていたこと」は saying such a thing という英語にできそうですね。ただ、動名詞の前に「彼が」という意味上の主語が必要です。その形としては、I remember his saying such a thing. と所有格を使うのが正しいのでしょうか？　それとも I remember him saying such a thing. のように、目的格にするのが正しい

のでしょうか？

　この問いに答えるためには、ちょっと英語の歴史を遡る必要があります。**歴史的には、動名詞は純然たる名詞**でした。今では、動名詞と現在分詞の語尾は区別がつきませんが、古英語時代には、動名詞の語尾は -ung というもので、現在分詞の語尾は -ende とは、ハッキリ区別されていたのです。

　たとえば、leornian「学ぶ」というのは、現代英語の learn という動詞です。これに動名詞の語尾である -ung をつけると、leornung "learning" となります。この言葉は、「学ぶこと」というよりは、「学問」という意味の純粋な名詞として機能していました。だから、その前に意味上の主語を置く場合も所有格にして、his leornung「彼の学問（≒彼が学ぶこと）」となりました。「彼のリンゴ」と言いたいとき、apple という名詞の前で使うのが his であって、him ではないのと同様です。

　この**動名詞の名詞的性質**は今でも残っています。I like to box. だと「私はボクシングをするのが好きだ」となり、ボクシングをするのは「私」になります。不定詞の意味上の主語は、全体の主語と一致するのが普通です。to 不定詞は、「V する方向に向かって」というのが原義（to 不定詞の to は、元は前置詞の to）なので、自分自身が box する方向に向かっていく感じがするのです。しかし、I like boxing. であれば、「私はボクシングが好きだ」となり、ボクシングをするのは自分以外のボクサーです。同様に、I don't like to smoke.「私は煙草を吸いたくない」は、自分が煙草を吸いたくないという意志の表明ですが、I don't like smoking.「私は喫煙という行為が好きではない」は、自分以外の誰が吸っていても喫煙が嫌なのです（Yule 1998）。

　このように動名詞は、歴史的には正真正銘の名詞でした。ということは、その前には所有格を使うのが正しかったのです。

　ところが、時代が下がるにつれて、こうした区別はいい加減になっていきます。動名詞の語尾と現在分詞の語尾が同じものになり、また動名詞が動詞的性質を発達させて目的語を取るようになっていけば、動名詞は名詞という意識が薄れていくのも当然です。そうすると、I remember him saying such a thing. のように動名詞の前に目的格を使うことも一般的になっていきます。実際、今となっては、こちらの用法の方が話し言葉では優勢だそうです。

では、今では I remember him saying such a thing. の方が「正しい」形なのかと言えば、必ずしもそうでもないのです。**規範文法と記述文法では、対象とする使用域が違う**という話を思い出してください。**記述文法**は、インフォーマルな話し言葉という使用域での言語の姿をありのままに記述するのが主な役目です。それに対して、**規範文法**というのは、正式な書き言葉における言語のあるべき姿を定めるものでした。動名詞の前には所有格を使うのが「正しい」とするのが規範文法的なルールです。

もう少し正確に言いなおすと、正式な書き言葉では、そうした歴史的に由緒ある形の方がフォーマルな印象を与えて高評価を受けるので、「適切な」言葉遣いだということです。くだけた話し言葉が変化すればするほど、正式な書き言葉のルールは昔のままの姿を保とうとするものです。目上の人に手紙を書く場合や、大学でレポートを書く場合などには、規範文法のルールに従って、フォーマルな言葉遣いをした方がいいでしょう。インフォーマルな話し言葉では、その手の規則に気をつける必要はあまりありませんので、気にしないで自由に話すべきです。

前にコラム⑥で説明した通り、こうした文体上の差異の所以を理解するためには、英語史の知識が有用です。**古い用法がフォーマルな言葉遣いになり、新しい用法の方がインフォーマルになる**というのが基本的な原則です。

◆**懸垂分詞（dangling participles）は「間違っている」のか**

このあたりの事情は、いわゆる**分詞構文**でも変わりません。主節の文に「オマケ（＝副詞相当語句）」として分詞句を付し、付帯する状況を描写するのが分詞構文の要諦です。この場合、規範文法は、主節の主語と分詞句の意味上の主語は一致しなければならないと規定しています（下線を引いた箇所がオマケとしての分詞句、分詞構文です）。

Leaving the road, they went into the deep darkness of the trees.
その道を出て、彼らは森の奥深くの暗闇へと入っていった。
➤ leave the road の意味上の主語は、主節の主語である they と同じ。

しかし、現実には、分詞の意味上の主語が全体の主語と一致しないケースは結構あります。

Leaving the road, the deep darkness of the trees surrounded them.
その道を出ると、森の深い闇が彼らを包み込んだ。
➤ leave the road したのは人間であるはずなので、全体の主語である the deep darkness of the trees とは一致していない。

Walking down the road, a tall building came into view.
その道を歩いていると、高い建物が目に入ってきた。
➤ walk down the road したのは人間のはずなので、全体の主語である a tall building とは一致していない。

こうした分詞構文のことを**懸垂分詞（dangling participles）**などと呼んで、規範文法はこれを「正しくない」ものとして斥けます。しかし、これも正確には、正式な書き言葉では「適切ではない」と言うべきでしょう。インフォーマルな話し言葉でまで、そんなルールを気にする必要は特にありません。

◆規範文法と記述文法の使い分け

このように、**規範文法と記述文法の知識は、使用域に応じて使い分けるべき**なのです。インフォーマルな話し言葉では、規範文法の規則を気にする必要はあまりありません。記述文法の教えてくれるところに従って、今まさに英語話者が話しているように話せばいいのです。ところが、正式な書き言葉という使用域では、事情が異なります。そこでは、昔ながらの伝統的な規範文法の支配が確立しています。その支配力が揺らぐ

171

ことはまずありません。

　そして、これは私たちノンネイティブにとってあながち悪い話でもないのです。なぜなら、私たちは、**規範文法の限られたルールを意識的に学習し、それを忠実に守ることによって、ネイティブ以上の効果的なライティングを紡ぎだすことができる**からです。ネイティブも最近はあまり学校で英文法をしっかり学びませんから、書き言葉であるにも関わらず、動名詞の前に目的格を使ったり、懸垂分詞を使ってしまうことも珍しくありません。このときネイティブとノンネイティブの力関係を逆転できる最大のチャンスが訪れます。何しろ、ちょっと規範文法を勉強すれば、動名詞の前に所有格を使い、分詞構文を使う際に懸垂分詞を避けることは決して難しいことではないのですから。

　規範文法は悪口を言われることが多い代物ですが、正式な書き言葉という使用域では、このように抜群の効力を発揮します。他人の尻馬に乗って埒もない批判に耽るよりは、気合を入れてマスターした方が実益にかないます。規範文法をマスターした後は、記述文法の知見を取り入れて学びを深めていけばよいのです。そして、**使用域に応じて、規範文法と記述文法を使い分ける**。これが英語学習の王道だと私は思います。

文献案内

* 細江逸記（1971）『英文法汎論』篠崎書林
* 細江逸記（1967）『精説英文法汎論』篠崎書林
    > 細江逸記の『英文法汎論』は大著なので通読は難しいかもしれませんが、相当語句の箇所だけでも読んでおくことをお勧めします。本章で述べたように、これ以上に包括的に相当語句を詳説した文法書を他に知りません。ちなみに、後者の『精説英文法汎論』では、例文に細江逸記の訳が付けられており、読者に親切です。
* 英語史の知識を得たい人には、以下の本を勧めます。いずれも一般読者向けにわかりやすく書かれた英語史の概説書です。
    > 唐澤一友（2011）『英語のルーツ』春風社
    > 寺澤盾（2008）『英語の歴史―過去から未来への物語』中央公論新社（中公新書）
    > 堀田隆一（2011）『英語史で解きほぐす英語の誤解―納得して英語を学ぶために』中央大学出版部
    > 渡部昇一（1983）『英語の歴史』大修館書店

コラム⑨ 関係詞の制限用法・非制限用法

「だいたいカンマをつけておけばいいって言ってましたよ」

これは、アメリカ留学中最も印象的だった言葉の一つで、私の脳裏に鮮烈に刻み付けられています。

この言葉を私はある日本人留学生から聞きました。学科内の人間に私はアカデミック・ライティングが得意な人間として認識されていたので、同級生に頼まれてライティングの助言をしていたのです。彼女は私と会う前に、大学付属のライティング・センターで、あるネイティブ大学院生の指導を受けてきたとのことでした。

彼女のレポートを一緒に見ていくと、明らかに関係詞の制限用法であるべきところにカンマがある、あるいは逆に明らかに非制限用法であるべきところにカンマがない。そういうミスが目立ったので、私は例文を挙げて、その二つの用法の差を説明しました。

関係詞とは、形容詞節を作る言葉のことです。つまり、名詞の説明をするわけですが、このとき説明の仕方に二種類あるのです。制限用法とは、説明を加えることによって、たくさんあるものの中から選び出すことで、この場合には関係詞の後にカンマは書きません。I love children who learn easily and quickly. と言えば、たくさんいる子供の中から「物覚えがいい」子供だけを選び出すのです。もの覚えのいい子供が好きだけれども、おそらく物覚えの悪い子供は嫌いなのでしょう。こういう人は、あまり教師に向いていません。

一方、非制限用法とは、単に追加の説明を足すだけのものです。この場合は、関係詞の後にカンマを書きます。I love children, who learn easily and quickly. と言えば、この場合は子供というものはすべて物覚えがいいということになります。「私は子供が好きだよ、だって子供っていうのはみんなもの覚えがいいからね」という感じです。

私にしてみると、こんな説明は受験英語のときにさんざん聞かされたことです。少しでも英語を勉強したことがあれば知っているはずの知識で半ば当たり前ではないかと思っていました。と

ころが、件の彼女の口からは、「なるほど。よくわかりました。でも、さっき指導してくれたネイティブは、関係詞の前には、だいたいカンマをつけておけばいいって言ってましたよ」という言葉が出てきたのです。開いた口が塞がらないという表現がありますが、そんな気持ちを抱いたものです。

　しかし、よくよく考えてみると、それもそうかと思いました。なぜなら、関係詞の後にカンマを書く書かないというのは、完全に書き言葉の領域の話だからです。つまり、ネイティブも意識的に英文法を学習しない限り、関係詞の後にカンマを書くか書かないかはわからないままなのです。

　本書で何度も繰り返してきましたが、話し言葉と書き言葉は別物です。ネイティブは、話し言葉に関しては、圧倒的に有利な立場にいます。この優位性は、ちょっとやそっとの勉強では崩しがたい代物です。しかし、書き言葉、特に正式な書き言葉で、どのように振る舞うべきなのかということになれば、ネイティブの優位性は怪しくなります。何しろ、話せるだけのネイティブはいくらでもいるのですから。これは英語に限らず、日本語だって、日本語を話してコミュニケーションを取れるだけの大学生など、今日少しも珍しくありません。

　英文法の意識的な学習というのは、英語教育業界では「悪役」とされることが多いものです。しかし、関係詞の制限用法と非制限用法の区別を意識的に習得すれば、その後、関係詞の後にカンマを置くか置かないかで迷うことはなくなります。そして、関係詞の後に適切にカンマを置く（あるいは置かない）だけで、ネイティブの英作文より一歩抜きんでることができるのです。英文法とは、何と有益なものなのか！それが私の偽らざる実感です。

10章　話法の話

◆書き換えの思い出

　話法という文法用語を聞くと、おそらく皆さんの頭の中には、直接話法と間接話法の書き換えの悪夢が蘇るのではないでしょうか。私が高校生だった頃は、よく次のような書き換え問題をやらされたものです。

　　以下の英文の話法を直接話法から間接話法に変換せよ。
　　She said to me, "I arrived here a few days ago."
　　彼女は「私はここに数日前に着いたの」と私に言った。

　答えは、She told me that she had arrived there a few days before. ですね。
　ところが、最近は大学入試でもあまりこの手の書き換え問題が出なくなりました。なぜかと言えば、She said to me, "I arrived here a few days ago." と She told me that she had arrived there a few days before. は厳密に言えば同じ意味ではないからです。書き換えを学校でやらされているせいか、どうも日本人はこの二つの話法の使い分けに弱い面があるように思えます。
　英文法の魅力を探る旅も本章で最後となります。最後に、**直接話法・間接話法の使い分け**のコツを説き、**like という便利な言葉**を紹介して、皆さんの英語表現力向上の一助としたいと思います。

◆直接話法

　直接話法は、文字通り、「ある人の言葉を直接そのまま引用する」ことです。結果的に、ある出来事を直接話法で語ると、**生き生きとその出来事を描き出す**ことになります。小説で**臨場感**を出したいときに、直接話法になるのは、このせいです。

　　"I have some good news," she whispered in a mischievous way.
　　「いい話があるの」その娘は、悪戯でもするみたいに囁いた。

頭の中に、この娘さんのクスクス笑っている表情まで浮かぶような英文ですね。間接話法では、このような臨場感は出ないのです。

そして、この臨場感という要素が動詞の選定にも関わってきます。直接話法で使われる動詞は、学校文法では say が定番ですが、実はバラエティに富んでいます。台詞を言った人の話し方を表すもの（cry, exclaim, gasp）、声の出し方を表すもの（mutter, scream, whisper）、さらにはどのような感情でその台詞を言ったのかまで表すようなもの（giggle, laugh, sob）が使われることも多いのです。

また、**直接話法のとき副詞が出てくることが多い**のも臨場感をもって生き生きと出来事を描くためです。たとえば、上記の英文では in a mischievous way という副詞句が使われていますが、他にも angrily や quickly/slowly、cautiously や impatiently などといった言葉を使えば、その分だけ臨場感が増します。

要は、直接話法を使って台詞を伝えるというのは、聞いている人の頭の中に、その台詞が言われた光景を叩き込むようなものなのです。「**語る**」というよりは「**見せる**」と言った方がいいかもしれません。ある出来事を起こったときのように聞き手の頭の中に描き出すことができるのです。

◆間接話法

これに対して、間接話法は、「他人の言葉を話している自分の立場に立って置き換えてしまう」ものです。その分だけ、**距離感**が出ます。出来事が遠くに行ってしまいます。

仮に上記の文を間接話法の文に置き換えるとすれば、In a mischievous way, she whispered that she had some good news. とでもなるのでしょうが、ずいぶんよそよそしい印象を受ける英文になってしまいます。間接話法の場合は、**出来事をありのままに「見せる」というよりは、自分の言葉で「語る」**ことになるからです。

ある出来事を「今・ここで」起こっているかのようにドラマチックに「見せる」のが直接話法の機能でした。一方、話し手が出来事を自分の頭の

中で解釈し直して「語る」のが間接話法です。

結果として、使われる動詞も、直接話法のときとは違って、臨場感を出すためのものではなくなります。admit, agree, deny, explain, promise, respond, suggest など、いずれもどういう類の行為なのかという話し手の価値判断が入っているものです。

> When I gave my students extra homework, many students protested that they already had too much.
> 宿題を増やしたら、もう十分だと生徒たちが抗議してきたんだよ。

この文を発している先生の意図は、生徒たちが宿題に不平を言っている姿を生き生きと描き出して「見せる」ことではありませんね。その生徒たちの様子を「抗議」だと解釈して、自分の言葉で語っているのです。要は、**間接話法は、台詞の引用というよりは出来事の要約に近いもの**なのです。上記の間接話法の英文は、Many students complained about the homework. という英文に近いと思ってもいいでしょう。

◆「見せる」のか「語る」のか

あなたが友人と話していたら、つい時を忘れてしまい、恋人との約束を忘れて、恋人を長い間待たせてしまったとします。遅刻を謝るために、まずは電話をかけたところ、恋人は電話越しに罵声を浴びせかけてきました。I've been waiting for long! Where the hell are you? You're never on time!「ずっと待ってるのよ！ いったいどこにいるの？ いっつも時間を守らないんだから！」などと。この出来事を横にいる友人に語るとして、次のいずれを使いますか？

- 直接話法を使って、「見せる」とすれば、
  ➤ She screams angrily, "You're never on time!"
- 間接話法を使って、「語る」とすれば、
  ➤ She complains that I'm never on time.

だいぶ印象が違いますよね。最初の英文を聞いた人の頭の中には、怒りのあまり怒鳴っている彼女の姿が思い浮かぶでしょうが、後者の場合は、そんなことはありません。後者の英文は、もし書き換えるとすれば、むしろ She complains about me being never on time. と似通ったものなのです。

そんなわけで、今度からは、自分の意図に応じて、直接話法で話すか、間接話法で話すか、決めてみてはどうでしょうか。**出来事を起こったそのままに「見せ」たいのであれば、直接話法。自分の解釈に従って自分の言葉で「語り」たいのならば、間接話法**です。

◆ like という便利な言葉

アメリカに留学してしばらく経ってから、アメリカ人が like という言葉を多用しているのに気がつきました。「好きだ」という意味の like ではなく、後ろに名詞や文を伴って使われる「〜みたいな」という意味の like です。

そして、実際に自分もこの like を使い始めてみると、まことに便利なのです。まず言葉の意味を弱めて、自分の意図をぼやかせるのに使えます。時には、次のような何も中身がない英文さえ耳にしました。

It's like...you know?
「それがさあ、なんていうか……ねえ？」

ここに出てくる like と you know というフレーズは、アメリカの若年層が好んで使う言葉らしく、古風な大人には、この言葉遣いに眉をひそめる人も多いそうです。日本語でも、たとえば女子高生が使う「〜みたいな（↑）」は、やはりあまり好ましい言葉遣いとは受け取られないと思いますが、それと似たような現象でしょう。

たとえば、あるテレビ番組では、娘さんが連れてきた彼氏に対して、「あの男の子は、どうも like を使いすぎるね」などとお父さんが文句を

つけていました。この場合、二人の恋路は前途多難であることが予想されます。

あるいは、授業中によく手を挙げて発言はするものの、その発言はいつも like や you know で満ちていて中身は全くないといった事例も目に、いや耳にしました。次の英文は、Facebook 上の知り合いのタイムラインから取ったものですが、そういうクラスメイトに対する皮肉です。

> But also there's this other chick in another class who starts to talk and keeps saying "you know like" four or five times and relates nothing to main discussion.
>
> でも別のクラスにはこんな奴もいるんだ。話し始めると、"you know like" を4・5回繰り返して、本題の議論には何も関係がないんだよ。

アメリカの大学で授業に参加すると、これと似た苛立ちを感じる場面には少なからず出会うと思います。よく手を挙げて饒舌に話す人間に限って、話している内容は大したことがないものです。

◆ like を使って引用する

さて、like の口語用法の中で、私が特に便利だと感じたのは、次の英文のような like の使い方です。アメリカで大人気のコメディー『ビッグバンセオリー』の一場面です。

> Penny: Can I hide out here for a while?
> Leonard: Sure. What's going on?
> Penny: Well, there is this girl I know from back in Nebraska, Christy. She called me up. And <u>she's like, "Hey, how's California?"</u> And <u>I'm like, "Awesome"</u> because you know it's not Nebraska. And the next thing I know, she's invited herself to stay with me.
> (*Big Bang Theory*, Season 1, Episode 7 "The Dumpling Paradox")

ペニー　：ちょっとここに隠れていてもいい？
レナード：いいよ。どうしたんだい？
ペニー　：そうね、ネブラスカで知り合いだったクリスティっていう女の子がいるんだけどね。その子が電話をかけてきたのよ。それで「ねえ、カリフォルニアはどう？」みたいなことを言うものだから、私も「とってもいいわよ」みたいなことを言ったのね。だって、ねえ、ネブラスカじゃないもの。したら、いつの間にか、その子が私のところに泊まることになっちゃったのよ。

　私たちは学校時代の知識の延長で、つい台詞の引用のために使う動詞は say だと思いがちですが、実は **be 動詞 + like + "……"** という形もそれに負けず劣らずよく使われるのです。そして、これを覚えると、会話で出来事を描写するのが格段に楽になります。なぜならば、この場合、like に続く文は、本当の台詞ではなくてもよいからです。真面目に引用しなくてもよくなるのです。

　実は、私たちが聞いたセリフを一言一句そのまま伝えることは珍しいことです。人間の記憶力などというものは、そこまで立派なものでもありませんので、大体こんな内容のことを言っていたという程度の認識で、あやふやなものを提示するのも会話では普通のことです。

　そして、この **「大体こんなことを言っていた」** というのにぴったりの**表現が、be 動詞 + like + "……"** なのです。これを覚えるだけで、グンと会話が楽になります。何せ、正確な引用をしなくてもよくなります。さらには、自分の想像でテキトーなことを言うことも可能になります。

　たとえば、こんな感じです。

So yesterday I went to visit a pet store and met this dog. And he was like "Please take me with you, pretty please." And I was like "Oh, please stop looking at me like that," you know?

10章　話法の話

180

で、昨日ペットショップに行ったら、犬を見かけてね。その犬が「お願い僕を一緒に連れてって」みたいな顔をしているから、僕も「頼むからそんな顔で僕を見ないでくれ」みたいな気持ちでさあ。

もちろん、犬が話すわけもありません。でも想像ではこんなことを言っているんじゃないかな。そういう想像を言えるようにしてくれるのが like の効力です。こういう想像上の対話のことを **constructed dialogue「作られた対話」**と言ったりしますが、like は、まさに頭の中で構築されたテキトーな物語を語るのに便利な表現なのです。

◆ like を使うとできること

これを使えるようになると、何が便利か。

自分の英語力では手に余ることを表現したいとき、適切な動詞や名詞が見当たらず上手く言えそうもないとき、**単に主語 + be 動詞 + like だけ言ってしまって、そのあとにテキトーな台詞を作って付け足してしまえばいい**のです。これは、本当に魔法のように英会話力を高めてくれます。

たとえば、宿題をしていなかったもので、母親に叱られて落ち込んだとします。これをきちんとした単語を探して表現すれば、

My mother scolded me for not doing homework and I got to feel down.
お母さんが僕を宿題をしていないから叱って、気分が落ち込んでしまった。

とでもなるのでしょう。

しかし、like を使えば、下の英文のように表現できます。複雑な構文も高度な単語も必要ありません。どちらが簡単か、火を見るよりも明らかでしょう。

Mom was like "Do the homework!" and I was like "Nooooooo!"
お母さんが『宿題をしなさい』って、でも僕は『嫌だあああ！』って。

◆**規範文法と記述文法の使い分け**
　こんなに便利なものなのに、なぜか日本の英文法書や辞書では、この like の紹介がほとんどありません。これは、おそらくは書き言葉では使ってはいけない類の言葉遣い、また話し言葉でも人によっては眉をひそめる類の言葉遣いだからでしょう。もちろん、学校の先生から褒められる類の言葉遣いではないことは確かです。
　しかし、そうだからといって、こんなに便利なものを無視するのは理不尽というものですし、日本人英語学習者のためになっていないと私は思います。事実、私は留学先のアメリカで気がつくまで知らなかったわけですが、そのせいでずいぶん損をしたような心持ちがしています。日本の英語の先生たちも、直接話法と間接話法の書き換え練習だけに終始するのではなく、その使い分け、さらには、**be 動詞 + like + "……" がいかに会話では有用か**、生徒に教えてあげるべきでしょう。like に関しては教えるだけ教えて、ただし書き言葉では使ってはいけませんよと言ってあげればいいだけの話です。
　規範文法の枠組みさえしっかりできていれば、記述文法の知見は決して害になるものではありません。本書で何度も繰り返してきたように、使用域に応じて、それぞれの知識を使い分ければよいのです。正式な書き言葉で like を使うのは決してお勧めできませんが、話し言葉では like を使うと格段に表現力が高まります。
　そんなわけで、**like は本当に便利な言葉**です。今度、英語で話すときには、ぜひ like（主語 + be 動詞 + like "……"）を使ってみてください。

文献案内

* Yule, G. (1998). *Explaining English Grammar.* Oxford University Press.
  ➤ 本章の内容と例文の多くは、この文法解説書に基づいています（Chapter 10 "Direct and Indirect Speech"）。タイトルの通り、英文法のルールの裏に潜む理由をわかりやすく説明している本です。
* Romaine, S., & Lange, D. (1991). The Use of *Like* as a Marker of Reported Speech and Thought: A Case of Grammaticalization in Progress. ***American Speech***, 66 (3), 227-279.
  ➤ like という言葉の用法についてもっと詳しい発達経緯が知りたい人は、この論文が参考になるでしょう。

コラム⑩ 日和見主義の勧め

ハリファックス侯ジョージ・サヴィル（George Savile, Marquis of Halifax, 1633-1695）と聞いてピンと来る人もあまりいないかと思いますが、このイギリス人の洞察は現代日本の英語教育にも通じるものがあります。

17世紀、清教徒革命（1642-1649）と王政復古（1660）を経て、イギリスは君主制と共和制の間で揺れていました。「王様が悪い、これを廃止せよ」という理屈に従って、王様の首を切ったら、クロムウェル独裁の共和制では、かえって息苦しく住みにくい世の中になってしまった。これが清教徒革命です。

反省して王様を再び迎えたら、今度はまた王様が勝手な政治をするようになってしまいます。はたして王制を維持すべきなのか、それとも共和制を実現すべきなのか。この動乱期の政界にあって、常にトーリー党（王党派）とホイッグ党（議会派）の中道を求め、名誉革命を成功に導き、イギリス政治の安定に一役買ったのがハリファックス侯です。

彼は自ら日和見主義者（trimmer）を自称し、「野蛮な両極端の間をゆく賢明な中庸」を訴えています。君主制に偏るのも共和制に偏るのもイギリスという船に乗る乗客の身を危うくするので好ましいものではない。王位継承を阻む法案には反対だが、専制的な君主は除かれるべきだ。イギリスの国体としては、混合君主制（制限のかかった王権が民主的な議会と共存する政体）が理にかなっている。理想を求めて船が傾いて乗客が溺れるより、あるがままの人間性に合わせて、君主制・貴族制・民主制を「賢く混ぜ合わせる」ことによって、「乗客を危険に晒すことなく、船が平らな状態で進めばそれでよい」のだ。

このような観察をハリファックスは自著『日和見主義者の性質』（*The Character of a Trimmer*）で述べています（中島 2014）。

同時代人からの評価は必ずしも高くないようですが、ハリファックスの日和見主義は、現実的な政治の安定とイギリスの繁栄をもたらしました。私もハリファックスに倣って「野蛮な両極端の間をゆく賢明な中庸」を日本の英語教育に求めたいところです。

多くの人が英語教育の「抜本的な改革」を訴えていますが、王様の首を切るような改革は、人心の荒廃をもたらすだけでしょう。改革の果てに、英語教師は疲弊し、生徒の学力・知力は地に落ち、挙句の果てには多様なものの見方に対する寛容性と感受性まで損なわれる。そんな未来を私は望みません。改革派は、理想を追い求めるあまり、現実を見ない傾向があるのが困ったところです。

　たとえば、学校英語の最大の特徴は限られた学習時間にあります。この現実を踏まえれば、授業内の工夫であれもこれもできるようになるという楽観的な観測を述べるのは無責任でしょう。外国語学習はそもそも授業だけで完結するような代物ではないのですから、むしろ限られた授業時間で最低限できることは何かという視点で語るべきです。

　また、たとえ無意識とはいえ、自分の知性や現代の学問の方が先人の知恵よりも優れたものだと思いこむのは、まことに傲慢な話です。モノを扱う学問（＝理系）ならば、たしかに「最新は最善」でしょう。しかし、人間を扱う学問（＝人文系）の場合は、最新は必ずしも最善ではありません（渡部 1988）。人間に関することは、すべて理屈で割り切れるものではないので、むしろ先人から受け継がれてきた伝統的な知恵の方が優れている場合も多いものです。

　当たり前のことですが、英語教育が扱うのは、モノではありません。教師と生徒という人間なのです。あたかもモノを扱うがごとく英語教育を論ずる人に対して私が嫌悪感を抱く所以です。

　抜本的な改革よりは、むしろ伝統を活かしつつ、漸次的な改良を加えていく方が英語教育に関しても賢明だと私は思います。私は保守を自認しますが、それはつまり「理想を捨てない現実主義」であり、「明るいリアリスト」（佐々木 2014）です。守旧派でもなく改革派でもない。そういう積極的な「日和見主義者」が日本の英語教育関係者の中に増えていくことを私は祈っています。

付説　日本の英語教育に思うこと
〜君は全体主義を望むのか〜

◆「井戸」と「水道」

　皆さんがたまたま移り住んだ家に珍しいことに井戸があったとします。皆さんは、その井戸をどのように扱うでしょうか。

　合理主義者は、こう考えます。水道があるのだから、井戸など不必要。そして井戸に蓋をして枯らしてしまいます。しかし、大災害が起こって水道が停止したら、どうでしょうか。もしあのとき井戸を使い続けて絶やさずにいればと悔やむことでしょう。

　反対に井戸を使い続けていた場合には、自分の家だけではなく、近隣住民も大いに助かること間違いなしです。たとえ合理主義者の目には無駄に思えたとしても、多様な供給源を保持することは長期的には利点が多いのです。自由主義というのは、この洞察に基づいて、多様性を肯定し保証することに他なりません（渡部 1983b「多様化こそ全体主義に抗する手段」）。

　2015年現在の日本英語教育界の動静を眺めるにつけ、私は全体主義の風潮を感じます。多くの人が「水道」の利を訴え、「水道」の敷設を推し進めています。私もそれ自体には反対しません。しかし、その人たちは、なぜか「井戸」を敵視して、排斥します。私が「井戸」も結構なものだなどと言えば罵詈雑言を浴びかねません。しかし、本当に「井戸」を枯らしてしまってもいいのでしょうか。

◆多様化の効能

　「水道」の敷設を強硬に推し進める英語教育改革論者に出会うと、私はある質問を投げかけたくなります。そもそも英語教育に関して、一つの「正しい」型がありえるのでしょうか。

　この問いに対する私の答えは、厳然たる No です。日本人英語学習者といっても、その姿は多様です。ある人は、複雑な英文を正確に読み解けるようになりたいかもしれません。ある人は、海外の友人と話すための英語を欲しているのかもしれません。目的が同じだったとしても、学習の癖や嗜好が違うかもしれません。私みたいに分析をしないことには落ち着かない学習者もいれば、分析などせずに丸覚えして使ってみたい

学習者もいるでしょう。

　だとすれば、英語教育に携わる人間ができることは何でしょうか。どのようにすれば、最大多数の最大利益を達成できるのでしょうか。

　多様な英語教育を提供することしかないと私は思います。各学校と各教師が、それぞれ自らの信念と経験・知識に基づいて、眼前の生徒に最適と判断する英語教育を行う。英語を英語で教えたい学校は、そうすればいいでしょう。文法訳読の価値を信じる教師は全力でそれに邁進すればいいと思います。発音を重んじる教室があってもいいし、徹底的な精読に拘る教室があってもいいでしょう。

　たとえば、靜哲人先生（大東文化大学教授）は、炎のような情熱で発音指導にあたることで有名です（靜 2009a, 2009b）。私は発音至上主義には反対ですが、靜先生のような英語教師がいることを心強く思いこそすれ、排斥しようなどとは思いません。たとえ主義主張が違っても、靜先生の「指導技術は本気の愛情の上にしか成立しない」（靜・正頭・小林 2014）という考えには一英語教師として心からの共感を覚えます。私は、発音は苦手なので、アカデミックな文章の読み書きを指導する方が得意ですし性に合っていますが、それは私の個人的な傾向に過ぎません。学校という場で行う英語教育については最低限の目安さえ決めておけば、あとはそれぞれの教師がそれぞれ得意なことをやればいいと私は思います。そうして多様性さえ確保すれば、あとは学習者に選ばせればいいではありませんか。靜先生のような英語教師もいて、私のような英語教師もいる。靜先生に習いたい生徒は、靜先生に教わって発音やスピーキングを鍛え上げてもらう。しかし、もし学問に志しているのであれば、やはりアカデミックな文章の読み書きを集中訓練すべきでしょう。両方やりたいという人は両方やればいいと思います。もちろん、その場合には相応の覚悟と努力が求められますが、学習者自身が自由意志で選ぶのであれば、その人の選択ですから何も問題はありません。もし「お上」がやるべきことがあるとすれば、単に選択の権利と機会を確保することくらいです。これが自由社会にふさわしい英語教育の姿だと私は思うのです。反対に、「お上」と共謀して、統一した規格を作り、全国一律に

押し付けようという人間は、自由を圧殺する全体主義者です。

◆全体主義の弊害

　ノーベル賞経済学者のハイエク（F. A. Hayek, 1899-1992）は、名著『隷属への道』で、全体主義（totalitarianism）を鋭く批判しています（Hayek 2007）。この本は、第二次世界大戦中の1944年に初版が出版されたものですが、21世紀の今になっても価値を失わないどころか、その透徹した人間性への洞察はますます重要なものとなっています（渡部2008, 2012）。というのも、どうも先の大戦の記憶が薄れてきたせいか、全体主義の弊害について無自覚な人が増えてきたように思われるからです。

　ハイエクは、人知と人間ができることには限界があることを悟ることの重要性を繰り返し説いています。イギリスの哲学者ヒューム（D. Hume, 1711-1776）も哲学的思索とイギリス史研究を通して、「人間の理性は未来の要因をすべて見通せるほどのものではない」と洞察したと言います（渡部1987）。人間の理性が見通せるものには限界があるのです。頭の中でどれだけ立派なプログラムを作り上げようが、現実に動かしてみれば、人間が関わるものである限り、必ず予期しなかった要素が働き、思わぬ結果を生むものでしょう。

　外国語教育に関しても、すべての要素を予見して完全なプログラムを立てることなどできるのでしょうか。もしこの問いにYesといえる人がいるのだとしたら、その根拠をお伺いしたいものです。その方は、全知全能のGodにも等しき存在なのでしょうか。もし外国語教育に関して包括的にして完全無欠の理解を有しているとお考えだとすれば、一体その根拠は何なのか。第二言語習得研究は、歴史の浅い学問分野です。まだ発展途上の段階にあることは衆目の一致するところでしょう。外国語教育の包括的な理論は依然として存在しない（そして、おそらく今後もそんなものが完成する日は来ない）ことを私たちは謙虚に認めなければなりません。

　こうした現実を無視して計画化を試みる人間をハイエクは「集散主義者（collectivist）」と呼んでいます。「集散主義（collectivism）」とは、

即ち全体主義です。ハイエクによれば、全体主義的な計画化は、そもそも人知を超えた不可能なものであるばかりではなく、「一つの完全な倫理的規範（a complete ethical code）」の存在を前提としています。しかし、そんなものは存在するわけもありません。結局、計画化は一部の権力者の価値判断を関係者全員に押し付けることを意味するというのがハイエクの洞察です。昨今の「英語教育改革」の動きを見るにつけ、「改革」の名の下に日本で英語を学ぶ人々の目的と行動を「一つの完全な倫理的規範」で縛ろうとしているのではないかという疑念が私の頭をよぎります。

　日本の英語教育界にヒトラーの如き改革者が現れないことを私は切に望みます。たとえ改革案がいかに「優れた」ものであっても、そのような改革が世間に諸手をもって迎えられたとき、自由は滅び、私たちはそのツケをいずれ手痛い形で払うことになるからです。

　自由主義にはコストがかかります。多様性を保証することは、一見、非効率的に見えるかもしれません。それでも、20世紀の歴史が示した通り、長い目で見れば全体主義の弊害よりはマシなのです。以下に引用するハイエクの観察に日本の英語教育関係者も耳を傾けるべきだと私は思います。

> 短期的に見れば、多様性と選択の自由のために払う代償は、時に高くつくかもしれないが、長期的に見れば、物質的な進歩でさえも、この多様性に支えられている。というのも、多様なあり方が可能な財やサービスの供給形態のうち、どれがいっそうよいものを生みだすかを、われわれは決して予測することができないからである。…そういう予測できない発展が、自由に実現されていく余地を残しておくべきだ、ということこそ、自由擁護論の眼目なのである。（Hayek 2007, p. 97）（西山千明訳）

　「目先の利益（a possible immediate gain）」に目を奪われて自由を放棄した場合、社会に何が起こるか。これを私たちは歴史上の手痛い失敗

からすでに学んだはずです。犠牲にすべきは、自由という核心的価値ではなく、むしろ目先の利益の方でしょう。「悪評の高いものこそが、われわれの自由な社会の重要な担い手となっている」のであり、「これらのものに対して過度に批判的な勢力は、だいたいにおいて全体主義的志向を持っている」(渡部 1983b, p. 208)ことを私たちは記憶に留めておくべきです。「私たちは自由を守るためには犠牲を払う覚悟がなければならない」(Hayek 2007, p. 97)のです。英語教育論も決してその例外ではないはずです。

◆外国語教育は「科学」なのか

フルード (J. A. Floude, 1818-1894) という歴史家がいます。フルードは、カーライル (T. Carlyle, 1795-1881) の弟子であり、その伝記も書いていますが、特に十二巻にも及ぶ浩瀚なイギリス史(エリザベス朝の歴史)を書いたことで知られています。オックスフォードの史学教授 (the regius professor of modern history) の任にあった学者です。19世紀のイギリスは、多くの歴史家を輩出しましたが、その中でも、フルードは、カーライルやマコーレー (T. B. Macaulay, 1800-1859) と並んで「三大家」と称された学者です(齋藤 1974)。彼は、「(自説に都合のいい)事実ほど簡単に集まるものはない」という言葉を好んで引用し、「歴史は科学である」という考え方を軽蔑していたそうです(渡部 1982)。

フルードに倣っていえば、外国語教育においても「データほど簡単に集まるものはない」でしょう。第二言語習得研究や外国語教育の論文も随分読んできました。そうした論文は、データを基に論じているので、いかにも客観的な議論のように聞こえますが、人間性に対する洞察を欠いている場合、専門家のデータは必ずしも当てになるものではありません。「専門家は何しろデータをうんと持っているから、根本的な判断がおかしいことをかくしてしまうことがある」(渡部 1973, p. 194)のです。ある手法が、ある教室において、ある学生に対して有効だったからといって、それが果たしてどこまで一般化できるのか。たとえ同じ教室で同じ学生相手だったとしても、教師が違うだけで結果は違うはず。あるいは、

同じ教師だったとしても、その日その日、その瞬間その瞬間ごとに外国語学習は多様で複雑な姿を取るはずです。良識（common sense）を持つ人間であれば、それくらいのことはわかるはずなのですが、どうもそのコモン・センスを持ち合わせない人が外国語教育論者（特に自らの専門を「社会科学（social science）」と称する研究者）には多いように思われます。

また、「外国語教育は科学である」という考え方に私は賛同することができません。外国語教育に関わるのは、教師と生徒という人間なのです。モノを扱う自然科学同様の「進歩」を前提として論を進めるべきではありません（Cook 2010）。「科学者」を自称する学者は、あたかも化学実験を語るかのように、外国語教育を語ります。この手順に従って、このルーチンを実行すれば、この結果を得る。この図式では、教師と学生という人間はモノと化します。人間の使用する言語も、アイデンティティと思考・認知の基盤という精神的価値を一切剥奪された記号でしかありません。このセンスに違和感を覚えない人は、変わらず外国語教育の「進化」を信じ続けることでしょう。その「科学者」は象の肌を触り、象の肌についての客観的データを集め続けるでしょう。しかし、その目は閉じられたまま、最後まで象の全体像を見ることはないのではないか。そんな風に私は思います。

ある学者が卓越した逆説を述べています。曰く、外国語教育のメソッドの効果測定が客観的であろうとすればするほど、外国語学習の正確な把握からは遠ざかることになるというのです（Prabhu 1990）。というのも、あるメソッドの効果を客観的に評価しようとすれば、学習効果のうち、観察可能であり、数値化の可能なものに焦点を当てることになります。しかし、外国語教育において大事なのは、そうした過程で取りこぼされることになる「より無意識的で、より観察が難しく、より数値化の困難な側面（the less conscious, less observable, and less quantifiable form）」（Prabhu 1990, p.170）なのかもしれないのです。たとえば、外国語教育を語る際には、実際に達成された顕在力のみならず、将来の成長に対する潜在力を考慮に入れる必要がありますが、これもやはり数値

化を拒む類のものです。そして、実は、「古臭い」として排斥されてきた文法訳読法は、潜在力の育成という点では極めて優れたメソッドなのです（平泉・渡部 1995）。

　外国語教育は、「科学」ではない。人間に関する研究について、「最新は最善」であるというテーゼは成り立ちません（渡部 1988）。歴史であろうが、外国語教育であろうが、私たちは、「人間の問題を考える時は、はっきり進化論を頭から追い出してから現実を見なければならない」(渡部 1992, p. 110) のです。

◆個人主義と自由主義

　当たり前の話ですが、教育論は、最終的には教師と生徒という人間を論じなければなりません。どうして英語教育だけが、その例外でありえるというのでしょうか。渡部昇一先生は、平泉渉氏との英語教育大論争（平泉・渡部 1995）を経て、「英語教育は結局、学校によい先生がいることが問題のアルファでありオメガである」(渡部 1976, p. 38) ことに気がついたと述べていますが、まさに卓見というべきでしょう。英語教育問題とは、究極的には英語教師問題なのです。ここに私があえて補足をするとすれば、同時に英語学習者である生徒の問題でもあり、その両者の関係性の問題でもあるということだけです。

　「よい先生」の姿は多様です。なぜなら生徒も多様な個々人だからです。「よい先生」に一つの決まった形などあろうはずがありません。もしあると主張する方は、生徒のことを人間ではなく機械人形だとでもお考えなのでしょうか。人間は多様かつ複雑な姿を取り、常に変化しますが、ロボットは何台あろうが同一ですし、変化もしません。

　私は一人の英語教師としてあくまでも自分が向き合っている生徒は人間であり、生徒はそれぞれの独立した人格を有する「個人（individual）」であるという立場を取ります。individual という言葉は、in-"not" という否定の意味の接頭辞と divide「分割する」という言葉から成り立っています。つまり、「個人」とは、「分割できない性質のもの」ということです。逆にいえば、ある個人と別の個人はハッキリと分かたれるので

す。このように個々人を独立した人格と認め、それぞれに自らの思考と行動を決定する権利と責任があると考える立場のことを「個人主義（individualism）」と呼びます。個人を独立した人格として認めることは、各人の自由を認めることになるので、個人主義と自由主義（liberalism）は不可分の関係にあります。

個人主義・自由主義の立場を英語教育に当てはめれば、「それぞれの学校と教師が多様な形の英語教育を提供し、それぞれの学習者が自分に適合した学校と教師を選ぶ」という方向を志向することになります。全国一律に統一したルールを強要しようなどとは決して思わないはずです。

◆「井戸」の価値

もちろん、私は、英語教育改革論者の善意を疑うものではありません。そうした人々は心の底から日本の英語教育を憂いている人たちだと思います。そして、その立論には正当性もあります。

しかし、有名な警句にもある通り、「地獄への道は善意で敷き詰められている（The road to hell is paved with good intentions.）」かもしれません。自らの「正しさ」を疑わない人間は、価値の多様化を否定し、他者を弾劾します。しかし、ありとあらゆる状況下で「正しい」ことなど滅多に存在しません。ある状況下で適切なことも状況が変われば不適切なものとなります。本書でも何度も指摘した通り、最近の英文法研究では「正しさ（correctness）」を主張せずに、使用域に応じた「適切さ（appropriateness）」を論じるようになってきています。同様の冷静さを私は英語教育論者に求めたいのです。

誤解して欲しくないのですが、私は新しく「水道」を敷設していくことに反対しているわけではありません。ただ単に昔からの伝統である「井戸」は「井戸」でよいものではないかと訴えたいだけです。

たとえば、文法訳読を通して養われる英文法の明示的知識（explicit knowledge）というのは、最近ではあまり人気がありません。擁護する人もいますが、その姿勢はやや腰砕けです。あくまでも暗示的知識

(implicit knowledge)、すなわち実用的英語運用能力に間接的に貢献するものとして、明示的知識を弁護するのです。

　しかし、英文法に対する明示的知識というのは、それ自体で尊いもので、十分に教育的価値があるものだと私は思います。形容詞と副詞を区別できるようになった知性というのは、それ以前の知性とは別物の識別力を有していると言うべきです。もし生徒が接続詞の that と関係代名詞の that を区別できるようになったとすれば、その瞬間、英語教師は快哉を叫んでいいのです。そのときその教師は、生徒の知を啓くという、まさに教師の果たすべき職責を果たしているのですから。そうやって外国語教育を通して啓かれてきた知性が、日本の近代化を支え、今日の繁栄の礎となったことに思いを致せば、誰が英文法の明示的知識の尊さを否定できるというのでしょう。

　確かに多くの日本人が実用的な英語運用能力において劣るのは事実です。また、それに対しては一定の対策を講じることもできるでしょう。その立論を私は否定しません。たとえば、アメリカに留学している中東系の学生は、実に流暢に英語を話したものです。あのような英語学習者を理想として、それを実現するための英語教育があってもいいでしょう。

　しかし、そうして「水道」を敷設していくときには、同時に「井戸」を枯らさない配慮が求められます。井戸は使い続けなければ、いずれ枯れます。枯れた後に、井戸の価値に気づいて嘆いてもみても後の祭りなのですから。

　たとえば日常英会話能力だけを唯一の目標として英語教育を全国画一的に行ったとします。その果てに現出するのは、訓詁学的な英語学習によって陶冶されるはずの識別力を失った日本人です。実に恐ろしい光景ではないでしょうか。英語どころか日本語で学問を行う知性も能力も有しない学生しかいないのです。まさに国家存亡の危機というべき事態です。

　明治維新以降、日本人が西洋文明を自家薬籠中のものとできたのは、自然科学を初めとする高度な学問を日本語に置き換えて学習してきたからです。日本人は、漢学の伝統を引き継ぐ形で、アカデミックな文章の

文法訳読を行い、抽象的な概念と言語を操作する能力を磨いてきました。そうして啓かれた知性が学問を支え、先進国としての繁栄を導いたことを私たちは再認識するべきではないでしょうか。19世紀から20世紀にかけて帝国主義の吹き荒れる中、日本は西欧列強の植民地にならずに独立国として生き抜くことができましたが、これは決して「当たり前」のことではありません。むしろ日本が例外的であったことは、その他のアジア・アフリカ諸国の事例を眺めればすぐにわかることです。

第3章で確認したように、機能文法は、会話では「見たまま・聞いたまま・感じたまま」を言葉に置き換えた整合表現が支配的であり、アカデミックな文章では、文法的操作を駆使した不整合表現が優勢であることを教えてくれます。整合表現ばかりの会話は、直感的にわかってしまうので、知性を鍛えてはくれません。反対に、アカデミックな文章の読み書きは、「不自然な」ものであるがゆえに、抽象概念とそれを明確に表す言語表現の操作能力を練磨してくれます。

応用言語学の用語を使えば、日常会話能力（Basic Interpersonal Communicative Skills）と高度な内容を扱う学習言語能力（Cognitive Academic Language Proficiency）は別種の知力として区別すべきなのです（白井 2013）。日本人が英語教育を論じるとき頭に思い浮かべているのは、どうも日常会話能力のことのように見受けられますが、本当に大事なのは学習言語能力の方でしょう。アカデミックな文章の読み書きは、学習言語能力を高めてくれるものです。そして、ジム・カミンズ（Jim Cummins）という学者が唱えた二言語基底共有説によれば、高度な言語能力は、日本語・英語双方で共有されるのですから、一石二鳥です（Cummins 2001）。

学習言語能力が未発達のままの学生は、いずれ高等教育から脱落し、高度な読み書き能力の欠如を理由に、学問や専門性を求められる知的労働の世界から排除されてしまいます。教育は、本来、社会において有用な力を学生に与える empowerment であるべきなのに、これでは真逆の disempowerment です。学生がその意志に反して単純労働を強いられる状況を作り出すことを高等教育の成果と呼んでいいのでしょうか。教育

者の職責は、その逆の状況を作り出す手助けのはずです。そして、日本の伝統的な英語教育は立派にその任を果たしてきたのです。

「隣の芝生が青い」のはわかります。しかし、持っていないものを欲するあまり、持っているものの有難さを認識しないのは、褒められた態度ではありません。文法訳読や受験英語といった「悪役」が日本と日本人のためにしてきてくれたことは決して小さくありません。親の「してくれなかった」ことばかりをあげつらい、恨みを募らせるよりは、親の「してくれた」ことを思い、それに感謝するのが人の道というものです。

◆「水道」と「井戸」の両立

あるいは、「水道」と「井戸」を対立するものとして捉える考え方から脱却することもできないでしょうか。どうも日本の英語教育は、この種の不毛な二項対立に長きにわたって縛られてきた観があります（斎藤2007）。しかし、古代からの日本の得意技に、矛盾する二つのものを両立させるというものがあります（渡部1989）。日本の国柄と言ってもいいでしょう。

たとえば、仏教（普遍宗教）と神道（民俗宗教）という、本来相容れないはずの宗教が日本では見事に融合しています。皇室と武家政権の両立然り、漢字仮名交じり文然り。そして、こうした二重奏が日本文化を豊かつ強靭なものにしてきた（渡部1983b「日本人のタテ糸とヨコ糸」）ことを思えば、英語教育においても同様の施策が取りうるのではないでしょうか。漢語と漢文が知性を鍛え、大和言葉と和歌が情を育んできたように、英語教育も異質な二者を融合・昇華させることができるのではないでしょうか。

だから私は思うのです。文法訳読もコミュニカティブ・アプローチもともに生徒のニーズに合わせて使い分ければいいのではないかと。生徒の実力に応じて英語で教えることが良い局面もあるでしょうし、逆に日本語で説明した方が良いことも多いでしょう。either A or B「AかBか」という二者択一を前提とする必要などどこにもありません。both A and B「AもBも」でいいではありませんか。事実、私は、数多ある英語教

育論のほとんどに同意するのです。それぞれ良いことを言っているなあと思います。だから、「いい加減」をモットーに、いいとこ取りしていけばいいではないですか。私は、特定のイデオロギーよりは、目の前の人間、つまり生徒を尊重して柔軟でありたいのです。出光佐三の言葉を借りれば、「主義や学問の奴隷」にはなりたくないのです。

　たとえば、「英語を英語で教える」ことを直接教授法（Direct Method）と言いますが、直接教授法に偏るのも、伝統的な文法訳読法に偏るのも、日本人英語学習者にとっては好ましくない結果をもたらすでしょう。日本の英語教育の「型」としては、混合的な教授法が妥当だと私は思います。ハリファックス侯（コラム⑩参照）の言葉を借りれば、直接教授法と文法訳読法を「賢く混ぜ合わせる」ことによって、「野蛮な両極端の間をゆく賢明な中庸」を目指すのです。クック（Guy Cook）という学者が指摘しているように、「伝統的」な手法と「コミュニカティブな」手法の融和（a marriage of the 'traditional' and 'communicative'）（Cook 2010, p. 148）こそが、今後の日本の英語教育に必要なものでしょう。

> いま必要とされているのは、流行を再び極端から極端へと揺り戻すことではなく、学生がさまざまな手法から相補的な形で利益を得られるような共生関係である。それこそが、不毛な差別意識に終止符を打ち、直接教授法の教条主義が自業自得で負った傷を癒すただ１つのすべと言えよう。(Cook 2010, p. 156)（斎藤兆史・北和丈訳）

◆ the best method などない

　もう一つ忘れてはならないことは、日本人英語学習者すべてに共通する the best method などありえないということです（Prabhu 1990）。the best method は、同じ日本というコンテクストの中でも、それこそ教室ごとに、生徒ごとに、あるいは、たとえ同じ生徒を相手にしていたとしても、その瞬間ごとに異なるでしょう。もしそう感じていない英語教師がいるとしたら、目の前の生徒とまともに向き合っていない証拠です。

この現実を無視して、ありもしない最高のメソッドを想定して一定のルーチンを強要することは、本来人間的であるべき教育を機械的なものへと堕してしまいます。むしろ必要なのは、現場の教師の妥当性の判断力（a teacher's sense of plausibility about teaching）を最大限に活性化させておくことでしょう。

> 教師が能動的に妥当性を判断し教育に関わるとき、教育は、たとえどれだけ遅い歩みであれ、あるいは目に見えない形であれ、まさに教えていく過程の中で必然的に変わっていくことになる。おそらく、そういう教育こそが、機械的な教育とは対極にある「本当の教育」と考えることができるであろう。であるならば、「本当の教育」と機械的な教育との違いの方が、良いメソッドと悪いメソッドの違いよりも教育に当たる際には重要なものといえる。良い教育の敵とは、悪いメソッドではなく、過度のルーチン化なのである。(Prabhu 1990, p. 174)（筆者訳）

　日本全国の教室の全ての教師・学生に過度のルーチン化を強制する画一的な「改革」は、まさに教育の息の根を止めるものに他なりません。必要なのは、更なるルールを作ることではなく、アリストテレス（『ニコマコス倫理学』）の言う「実践知 (phronesis "practical wisdom")」です。

> しかし、ルールを作ったり、報酬を与えたとしても十分とはいえない。そうした手段では、本質的な「何か」が取り残されてしまうのである。……その本質的な「何か」とは、古代ギリシャの哲学者アリストテレスが「実践知」と呼んだものである（アリストテレスは「フロネーシス」という言葉を使った）。この要素が欠けている場合、どれだけ綿密にルールを作って厳密に管理したとしても、またどれだけ巧妙な報酬を与えたとしても、そのいずれも我々が直面している問題を解決するには至らないであろう。(Schwartz

& Sharpe 2010, p. 5）（筆者訳）

◆「形式的ルール」と「実体的ルール」

昨今は、英語は英語で教えろという声が大きくなってきています。文部科学省が平成 25 年 12 月 13 日に公表した「グローバル化に対応した英語教育改革実施計画」では、先に改定された高校の学習指導要領に倣って中学校でも「授業を英語で行うことを基本とする」という文言があります。そして、これが「グローバル化に対応した新たな英語教育の在り方」なのだそうです。

しかし、もし英語は英語で教えるべきなのかと問われたら、私はこう答えます。英語は英語で教えてもよいし、教えなくてもよい。そんなことに関して、全国一律のルールを作るという発想自体が間違っているのだと。

国家が制定すべきルールに関するハイエクの言葉は傾聴に値します。

> 国家は、一般的な状況に適用されるルールのみを制定すべきで、時間や場所の状況に依存するすべてのことは、個人の自由に任されなければならない。というのも、それぞれの場に立っている個人のみが、その状況を十全に把握し、行動を適切に修正できるからである。（Hayek 2007, p. 114）（西山千明訳）

ハイエクは、自由な国家において支配力を発揮する法とは、「形式的ルール（formal law）」でなければならないと言います。それは人々に使用される道具であって、立法者が自分の目的を他者に押し付ける道具であってはならないのです。道路に信号や標識を設けて道路交通法を制定することは「形式的ルール」ですが、人々にどの道を使ってどこに行けと命令するのは「実体的ルール（substantive rules）」です。

英語は英語のみで教えて、英語の実用的運用力を高めるべきだというルールは、ハイエクの分類によれば、「実体的ルール」でしょう。ハイエクは、日本に来て講演した際に、自由主義の法律は、Don't「～して

はならない」の形を取るものであり、Do「〜せよ」の法律を作りたがるのは好ましくないと言ったそうです（渡部 2008, 2012）。「英語は英語だけで教えろ」というのは、まさに Do の法令です。自由社会に相応しい「形式的ルール」を志向するのであれば、Don't の形を採用して、「英語の授業は日本語だけで行ってはならない」とするのはどうでしょうか。あとは、実際にどの程度教室で英語を使うのかは各教師のその場その場の判断（a teacher's sense of plausibility）に任されるべきでしょう。それが自由主義的良識、あるいはアリストテレスの言葉を借りれば、「実践知」というものです。

全体主義と袂を分かち、自由主義を是とした場合、英語教育に関して守旧派であることも改革派であることも不可能になります。個々の教師と学生が個々のケースに関して最大限の自己決定をしていくことを認めなければならないからです。

そうした曖昧な立場に立つ人間を「日和見主義者」と呼んで蔑む人もいるかもしれません。しかし、私はまさに「日和見主義」こそが日本の英語教育に対する解だと思います（コラム⑩参照）。英語は英語で教えてもいいし、そうでなくてもよい。そう積極的に言いきる「日和見主義者」が日本の英語教育関係者に増えていくことを願う所以です。

ところが、なぜか日本で英語教育を論じる人の多くは、そういう曖昧さを許容しません。目を吊り上げ、口角泡を飛ばして、唯一の「正しさ」を追い求める人が随分といます。そういう人々に対して私が聞きたいのは、ただ一つです。あなたは全体主義を望むのですか、と。

◆ハイエクとチェスタトン

私は、どれほど「優れた」内容のものであっても、画一的な英語教育改革を望みません。先に指摘した通り、画一的な計画化とは、結局一部の人間の価値判断を全ての人間に強要することに他なりません。戦前のドイツにあって、そうした全体主義化を招いた原動力となったのが、「崇高な理想（high ideals）」に燃える「善意の人々（people of good will）」であり、「純粋な理想主義者（single-minded idealists）」であったことを

私たちは覚えておくべきでしょう。そして、ハイエクが洞察した通り、「純真な理想主義者と狂信者の差は往々にして紙一重」（Hayek 2007, p. 99）なのです。

　自由主義の本質とは、個々人が自らの価値観と行動に関して自己決定権を有すると認めることです。私は政治のみならず英語教育に関しても個々人の多様性と自己決定権を認める自由主義者なので、自由主義に則って多様性を是とし、矛盾する異質なものを両立させていく。そういう英語教育であって欲しいと私は願います。

　イギリスの批評家チェスタトン（G. K. Chesterton, 1874-1936）の言葉を借りれば、私たち英語教師を含む英語教育関係者には「激烈に対立する二つのものを激烈なるがままに生かしながらまとめあげるという難事」（Chersterton 2004, p. 88）が託されているのです。それは、ギリシャ神話を使って喩えれば、六つの首を持ったスキュラと渦巻を作り出すカリュブディスという二つの怪物が潜む海峡を抜けるがごとき難事といえます。この狭い難所を抜けるためには、さしもの英雄オデュッセウスも六人の仲間を犠牲者とせざるをえませんでした。学校における英語教育は時間的制約の大きいことが、その最大の特徴です。大衆が妄想する「理想の英語教育」を実現するのは、そもそも不可能なことだと認識する必要があります。「六人の仲間は失われたとしても、他の人々は救われる」（呉 1969, p. 421）というギリギリの選択肢を取って、スキュラとカリュブディスの間を抜けなければならないのです。完璧主義（perfectionism）を捨てて、最善主義（optimalism）を取る（Ben-Shahar 2009, 2010）。そういう意識を持たない限り、スキュラにすべての乗組員を食われるか、カリュブディスの作る渦巻に飲まれて船自体が沈没してしまうでしょう。

　チェスタトンは、逆説（paradox）の名手として知られた批評家です。彼が「腹にふくれる想い」（渡部 1992, p.239）を炎のような文体に載せた名著が『正統とは何か』です。そこにこんな一節があります。

　　狂人とは理性を失った人ではない。狂人とは理性以外のあらゆる

物を失った人である。(Chesterton 2004, p. 11)（安西徹雄訳）

　どうも昨今の英語教育改革論者の言うことを聞いていると、私はこの一節を思い出してしまうのです。「彼らのいちばん不気味なところは、身の毛もよだつほど話の細部が明確だ」ということであり、「彼らの頭の中の地図では、一つ一つの事柄がこと細かく、実に入念に結び付けられて、とても迷路などの比ではない」のです。チェスタトン曰く、

　　もし狂人が一瞬の間でも無意味な気軽さを取り戻せたら、それはつまり彼が正気に帰ったということにほかならぬ。

　英語教育を論じる人々も、少し肩の力を抜いて「一瞬の間でも気軽さを取り戻す」べきではないかと私は思います。

◆おわりに（逆説論理学の勧め）
　アリストテレス以来、西洋は同一律・矛盾律・排中律の論理を採用してきました。AがAであるということは、AはAではないもの（仮にBとします）ではない。そして、AはAであると同時にBであることはできないという論理です。たとえば、リンゴがリンゴであるということは、リンゴはリンゴではないもの（たとえばオレンジ）であることはできないのです。リンゴはリンゴであって、決して同時にオレンジであることはできない。このアリストテレス論理学の公理は、すべてを二項対立的に考える思考習慣に繋がります。こうして「論理的に」思考することによって真理を発見できるのだという考えは、自然科学的な発想と言ってもいいでしょう。
　一方、こうした二元論的な発想と対極にあるのが「逆説論理学 (paradoxical logic)」です。

　　アリストテレス論理学の対極にあるのが、逆説論理学とでも呼びうるもので、これによればAと非AとはXの属性として排除しあ

わない。……西洋思想において、逆説論理学が初めて哲学的表現を得たのは、ヘラクレイトスの哲学においてである。ヘラクレイトスは、反対物の葛藤こそがあらゆる存在の基盤であると考えた。彼はいう、「すべてを含む『一者』が、矛盾を抱えながら、どうしてそれ自身と一致するのかを、彼らは理解しない。そこには、弓や琴に見られるような矛盾する調和があるのだ」。……インドや中国の逆説的哲学を二元論的な発想と混同してはならない。調和（統一）は対立のなかにあり、対立から成る。……逆説論理学の立場からすれば、重要なのは［唯一の真理を発見するための］思考ではなく［寛容と自己変革のための努力を生む］行為である。（Fromm 2006, pp. 68-73）（鈴木晶訳）（傍点は原文通りだが、下線および括弧内の補足は筆者による）

　AはAであると同時にBでもある。西洋ではヘラクレイトスが、東洋では老子が逆説論理学の代表的な主導者ですが、チェスタトンもその一人といえるかもしれません。

　英語教育においても、二元論的な発想で「思考」するのではなく、逆説論理学に基づいて「行動」する必要があるというのが私の立場です。同様の願いを持つ人が増えて、その声が世間に聞き入れられたとき、日本の英語教育は、長年苦しんできた不毛な二項対立からようやく脱却できるでしょう。

　＊この付説は（古田2014b）に修正・加筆を加えたものです。

あとがき

　　稽古とは　一より習ひ　十を知り　十よりかへる　もとのその一
　　（千利休）

　英語という言語を専門に選んで、十年以上が経ちます。自分が十を知ったとは思っていませんが、これを機会に「もとのその一」に帰るのもいいかもしれない。そう思って書いたのが本書です。そして、読者の皆さんにも「もとのその一」の大事さを知ってほしいというのが筆者である私の願いです。

　ちなみに、私がこの千利休の句を知ったのは、「平世の名人」との声も高い立川談春師匠の落語会でのことです。談春は、師匠談志に「俺より落語が上手い」と言わしめた稀有な弟子ですが、その三十周年記念落語会のタイトルは「もとのその一」です。

　本書は決して網羅的な文法書ではありません。英文法の細部までを網羅した大部の文法書はすでに何種類も出ています。しかし、この手の分厚い文法書を読み通せる人はまずいないでしょう。大事なのは、十を知った上で、本当に大事な一に絞ることなのです。

　私が執筆にあたって心がけたのは、その「本当に大事な一」に絞って解説することです。世間に出ている文法解説書は、大事な基本文法と並べて細かい語法まで説明していたりします。しかし、英文法で本当に大事な核心は、実はそれほどあるわけではありません。この本では、その中でも特に重要な「品詞と文型」、「述語動詞の形と意味（助動詞・時制・法・相・態）」、「相当語句（名詞・形容詞・副詞のカタマリ）」に焦点を当てました。実際、これだけわかっていれば、英文を理解することも、自分の意図を伝える英文を作り出すこともできてしまうのです。

　本書の内容に関して、私はオリジナリティを主張するものではありません。規範英文法の父であるリンドレー・マレーは、その英文法書の序文に自分は「著者（author）」ではなく「編者（compiler）」だと記したそうです（池田1999）が、私も同様の気持ちです。私がしたことと言えば、単に先人の業績を取捨選択して並べ直し、わかりやすくなるように言葉を変えたくらいのことです。

解説にあたっては、講談社創始者の野間清二がモットーとした「面白くて為になる」を心がけたつもりですが、果たしてそれがどこまで達成できたかは読者の皆さんの判断に委ねるしかありません。もし「面白くて為になる」と思って下さったのであれば、これに勝る幸せはありません。
　ただし、私は天邪鬼なので、あえて世間では無視されがちな意見にスポットライトを当てるようにしました。英語と言えばとにかく英会話、話せるようになることが何よりも大事だというのが世間の趨勢ですが、これは不当な偏見だと思います。書き言葉も話し言葉同様に、言語の大事な要素です。そして読み書きに関しては、規範英文法というのは抜群の効力を発揮します。規範英文法の核心さえマスターしてしまえば、どんな英語でも自信をもって正確に読めるし、少なくとも意味の通じる英文を書くことができる。これを「魔法」と言わずして何と言うのか。書き言葉と規範英文法の再評価を私が求める所以です。
　最後に、私が恩師として敬愛する二人の方への謝辞を述べておかなければなりません。この二人の恩師によって私の知性は啓かれました。もしこの方々と出会っていなければ、私は英文科に進むことも英語を専門として学者の道を志すこともなく、本書が生まれることもなかったでしょう。
　一人は、高校三年生のときに、予備校でお世話になった富田一彦先生です。富田先生の授業で私は英文法に開眼しました。それまで暗号の羅列でしかなかった英語が、英文法のルールを理解するだけで、カンマ一つさえ説明できる。その事実は私を驚かせ、そして興奮させました。知識は暗記するものではなく、考えて理解し応用するものだ。徹頭徹尾、論理的思考を重視する富田先生の授業は、知的興奮に満ちたもので、私はやがて英語を本格的に自分の専門として勉強したいと思うようになったのです。私は何千人も何万人もいる受講生の一人に過ぎませんでしたから、富田先生が私のことを覚えているはずもありませんが、富田先生に出会えたことは私にとって人生の分岐点でした。
　もう一人の恩師は、上智大学で出会った渡部昇一先生です。富田先生の啓発を受けて、英文法にハマった私は、大学に入って重度の文法病を

患うことになります。渡部先生が質問を歓迎する方だったことをいいことに、私は渡部先生の英文法概論でとにかく質問ばかりしていました。授業の半分以上を私の質問で潰してしまったこともあったかと思います。何しろ、私がいたクラスとそうでないクラスで、同じ教科書を同じ先生が使っていて、進度が倍以上も違ったのです。私がどれだけウザい学生だったことか、今思うと冷や汗が出ます。一つ一つの質問は、今から考えれば取るに足りないものも多かったはずです。しかし、そうした質問に一つ一つ快く対応して下さった渡部先生に私は感謝する言葉を持ちません。私が曲がりなりにも英語のプロとして英文法に関して自信を持てるようになったのは、何と言っても渡部先生のご指導のおかげです。さらに学部二年生の時には、無茶なお願いと知りつつ、大学院の授業の聴講を願い出ました。渡部先生は、「ああ、英文法の授業で質問ばっかりしていた人ですね」と微笑を浮かべながら、聴講を許可して下さいました。当時の自分の厚かましさに顔から火の出る思いがしますが、それ以降今に至るまで渡部先生から受けた薫陶と学恩の大きさを思えば、自分の厚かましさを褒めたい気もしないでもありません。私は渡部先生を通して本当に教養ある学者（scholar）の姿を知り、学問の道に志し、今に至っています。

　この本を書くことによって恩師の学恩に少しでも報いることができたのであれば、望外の幸せです。また、英文法自身も私の二度の留学を支えてくれた恩人です。この恩人がどうも世間では不当な悪役扱いを受けているようですが、もし読者の皆さんが英文法の魅力に気づく手助けができたのであれば、これも「恩返し」と言えるかもしれません。

　両親、恩師、友人、先輩、後輩、生徒・学生の諸君。本書を、私を育んできてくれた人々に感謝とともに捧げたいと思います。その中でも、渡部ゼミの先輩であり、桐朋学園では同僚として七年間苦楽をともにし、桐朋退職後も変わらぬ友情を示してくれた長瀬浩平先生と、東京大学大学院博士課程でお世話になって以来、今に至るまで暖かく見守って下っさている寺澤盾先生のご厚情を特筆大書して、この場を借りて深謝申し上げます。

最後に（last but not least）、本書出版のきっかけを与えてくださった春風社の石橋幸子さんと、下書きの原稿に詳しく目を通して有益なアドバイスを多々くださったのみならず、私の何度にも渡る修正に根気強く丁寧に対応してくださった岡田幸一さんに心からお礼申し上げます。

参考文献

　以下に挙げるのは、本書の中で言及したものである。執筆に際しては、これらの他にも多くの文献を参考にしたが、本書は一般読者向けのものであるので、ここですべてを詳細に記すことはしない。また、引用した例文の多くは、各章末で紹介した種本・種論文から引用したものであるが、本書の性格上、各例文に出典を示すことは避けた。本書の記述がこれまでの先人の肩の上に立っていることを特筆大書して、先人の業績に対する感謝の気持ちを表したい。

　なお、本書における引用の方法と以下の書誌情報の記し方は、いわゆる MLA 形式でもなく、APA 形式でもなく、その両者を混合した「いい加減な」ものとなっている。これも一般読者の便宜を考えて「賢く混ぜ合わせた」つもりのものであることを注記しておきたい。

[欧文文献]

Auerbach, E. R. (1993). Reexamining English Only in the ESL Classroom. *TESOL Quarterly*, 27(1), 9-32.

Battistella, E. L. (1996). *The Logic of Markedness.* Oxford University Press.

Ben-Shahar, T. (2009). *The Pursuit of Perfect*. McGraw-Hill.

Ben-Shahar, T. (2010). *Even Happier: A Gratitude Journal for Daily Joy and Lasting Fulfillment.* McGraw-Hill.［成瀬まゆみ (訳)(2010)『ハーバードの人生を変える授業』大和書房］

Biber, D., Johansson, S., Leech, G., Conrad, S., & Finegan, E. (1999). *Longman Grammar of Spoken and Written English*. Longman.

Birch, B. M. (2014). *English Grammar Pedagogy: A Global Perspective.* Routledge.

Boroditsky, L. (2011). How Language Shapes Thought. *Scientific American*, 304 (2), 62-65.

Brunner, K. (1960, 1962). *Die Englisch Sprache I und II: Ihre Geschichtliche Entwicklung.* Max Niemeyer Verlag.［松浪有・小野茂・忍足欣四郎・秦宏一 (訳)(1973)『英語発達史』大修館書店］

Celce-Murcia, M. & Larsen-freeman, D. (1999). *The Grammar Book: An ESL/EFL Teacher's Course*. Heinle & Heinle.

Chesterton, G. K. (2004). *Orthodoxy* (1908). Dover Publications. ［安西徹雄（訳）（1995）『正統とは何か』春秋社］

Cobuild, C. (2005). *Collins Cobuild English Grammar*. HarperCollins.

Cook, G. (2007). A Thing of the Future: Translation in Language Learning. *International Journal of Linguistics*, 17 (3), 396-401.

Cook, G. (2010). *Translation in Language Teaching*. Oxford University Press. ［斎藤兆史・北和丈（訳）（2012）『英語教育と「訳」の効用』研究社］

Cook, V. (1999). Going beyond the Native Speaker in Language Teaching, *TESOL Quarterly*, 33(2), 185-209.

Cook, V. (2001). Using the First Language in the Classroom. *Canadian Modern Language Review*, 57(3), 402-423.

Cook, V., & Singleton, D. (2014). *Key Topics in Second Language Acquisition*. Multilingual Matters.

Cummins, J. (2001). *An Introductory Reader to the Writings of Jim Cummins*. Multilingual Matters.

Cummins, J. (2007). Rethinking Monolingual Instructional Strategies in Multilingual Classrooms. *Canadian Journal of Applied Linguistics*, 10(2), 221-240.

Eto, H. (1997). On the Role of German Grammarians as a Bridge between Traditional and Scientific Grammar in 19th Century England. In Kurt R. Jankowsky (Ed.), *Conceptual and Institutional Development of Europe and the United States* (pp. 133-154). Nodus Publikationen.

Fromm, E. (2006). *The Art of Loving* (1956). HarperCollins (Harper Perennial Modern Classics edition). ［鈴木晶（訳）（1991）『愛するということ』（新訳版）紀伊國屋書店］

Furuta, N. (2010). Academic Writing as Empowerment: My Dual Identities as a Speaker and a Writer. A paper read at the CA TESOL

Northern Regional Conference, November 2010.

Furuta, N. (2012). Modality in Business Meetings: A Corpus-based Analysis. A paper read at the CA TESOL 2012 43rd annual conference, April 2012.

Goldberg, A. E. (1995). *Construction Grammar.* The University of Chicago Press.

Goldberg, A. E., & Casenhiser, D. (2008). Construction Learning and Second Language Acquisition. In N. C. Ellis & P. Robinson (Eds.), *Handbook of Cognitive Linguistics and Second Language Acquisition* (pp. 197-215). Routledge.

Granger, S. (Ed.) (1998). Learner English on Computer. Longman. ［望月通子・船城道雄（訳）（2008）『英語学習者コーパス入門—SLAとコーパス言語学の出会い』研究社］

Granger, S., Hung, J., & Petch-Tyson, S. (Eds.) (2002). *Computer Learner Corpora, Second Language Acquisition and Foreign Language Teaching.* Benjamins.

Hamerton, P. G. (1873). *The Intellectual Life.* Macmillan. ［渡部昇一・下谷和幸（訳）（1991）『知的生活』講談社（講談社学術文庫）］

Hayek, F. A. (2007). *The Road to Serfdom* (1944). Routledge. ［西山千明（訳）（2008）『隷属への道』春秋社］

Jenkins, J. (2000). *The Phonology of English as an International Language: New Models, New Norms, New Goals.* Oxford University Press.

Jenkins, J. (2002). A Sociolinguistically Based, Empirically Researched Pronunciation Syllabus for English as an International Language. *Applied Linguistics*, 23 (1), 83-103.

Jenkins, J. (2007). *English as a Lingua Franca: Attitude and Identity.* Oxford University Press.

Kaplan, R. B. (1966). Cultural Thought Patterns in Inter-cultural Education. *Language Learning*, 16 (1-2), 1-20.

Kubota, R., & Lehner, A. (2004). Toward Critical Contrastive Rhetoric. *Journal of Second Language Writing*, 13(1), 7-27.

Leech, G. (2004). *Meaning and the English Verb* (3rd edition). Pearson.

Medgyes, P. (1992). Native or Non-native: Who's Worth More? *ELT Journal*, 46(4), 340-349.

Nakayama, M. (2015). *Grammatical Variation of Pronouns in Nineteenth-Century English Novels*. Unpublished doctoral dissertation. The University of Toyo, Tokyo.

Nation, P. (1997). L1 and L2 Use in the Classroom: A Systematic Approach. *TESL Reporter*, 30(2), 19-27.

Nation, P. (2003). The Role of the First Language in Foreign Language Learning. *Asian EFL Journal*, 5(2), 1-8.

Pinker, S. (1994). *The Language Instinct*. William Morrow and Company. [涼田直子 (訳) (1995)『言語を生みだす本能』NHK ブックス]

Prabhu, N. S. (1990). There is no Best Method—Why? *TESOL Quarterly*, 24(2), 161-176.

Prodromou, L. (2007). Is ELF a Variety of English? *English Today*, 23 (2), 47-53

Qian. (2009). Linguistic Error or Regional Variety?: Investigating Modality in Business Writing. In L. J. Zhang, R. Rubby, & L. Alsagoff (Eds.), *Englishes and Literatures-in-English in a Globalized World: Proceedings of the 13th International Conference on English in Southeast Asia* (pp. 162-175).

Quirk, R., Greenbaum, S., Leech, G. & Svartvik, J. (1985). *A Comprehensive Grammar of the English Language*. Longman.

Romaine, S., & Lange, D. (1991). The Use of *Like* as a Marker of Reported Speech and Thought: A Case of Grammaticalization in Progress. *American Speech*, 66 (3), 227-279.

Rühlemann, C. (2008). A Register Approach to Teaching Conversation:

Farewell to Standard English? *Applied Linguistics*, 29 (4), 672-693.

Russell, J. C. (1994). *The Germanization of Christianity: A Sociocultural Approach to Religious Transformation*. Oxford University Press.

Schleppegrell, M. J. (2004). *The Language of Schooling: A Functional Linguistics Perspective*. Routledge.

Schwarz, B., & Sharp, K. (2010). *Practical Wisdom: The Right Way to Do the Right Thing*. Riverhead Books.

Swan, M. (2005). *Practical English Usage* (3rd edition). Oxford University Press.

Thornbury, S. (2005) *How to Teach Speaking*. Pearson Education Limited.

Yule, G. (1998). *Explaining English Grammar.* Oxford University Press.

[和文文献]

安西徹雄（1983）『英語の発想―翻訳の現場から』講談社（講談社現代新書）

安西徹雄（1995）『英文翻訳術』筑摩書房（ちくま学芸文庫）

池上嘉彦（1981）『「する」と「なる」の言語学』大修館書店

池上嘉彦（1995）『＜英文法＞を考える』筑摩書房（ちくま学芸文庫）

池田真（1999）『ノア・ウエブスターとリンドレー・マレーの文法戦争（Competing Grammars: Noah Webster's Vain Efforts to Defeat Lindley Murray）』篠崎書林

市河三喜（1956）『英語学―研究と文献』（改訂版）三省堂

出光佐三（1969）『働く人の資本主義』春秋社

江川泰一郎（1991）『英文法解説』（改訂三版）金子書房

江藤裕之（2004）「*Publication Manual of the American Psychological Association* の英文法記述について」『長野県看護大学紀要』6, 35-43

江利川春雄（2011）『受験英語と日本人―入試問題と参考書からみる

英語学習史』研究社

江利川春雄（2012）「学習英文法の歴史的意義と今日的課題」大津由紀雄編『学習英文法を見直したい』（pp. 10-25）研究社

唐澤一友（2011）『英語のルーツ』春風社

呉茂一（1969）『ギリシア神話』（改訂版）新潮社

齋藤勇（1974）『イギリス文学史』（改訂増補第五版）研究社

斎藤兆史（2003）『日本人に一番合った英語学習法——先人たちに学ぶ「四〇〇年の知恵」』祥伝社

斎藤兆史（2007）『日本人と英語——もうひとつの英語百年史』研究社

佐藤ヒロシ（2012）『五文型の底力』プレイス

佐々木紀彦（2014）『米国製エリートは本当にすごいのか？』中経出版（中経の文庫）

靜哲人（2009a）『英語授業の心・技・体』研究社

靜哲人（2009b）『絶対発音力』ジャパンタイムズ

靜哲人・正頭英和・小林翔（2014）『英語授業の心・技・愛』研究社

白井恭弘（2008）『外国語学習の科学——第二言語習得論とは何か』岩波書店（岩波新書）

白井恭弘（2013）『ことばの力学——応用言語学への招待』岩波書店（岩波新書）

白川静（2003）『常用字解』平凡社

鈴木孝夫（1990）『日本語と外国語』岩波書店（岩波新書）

田中茂範（2013）『表現英文法——わかるから使えるへ』コスモピア

寺澤盾（2008）『英語の歴史——過去から未来への物語』中央公論新社（中公新書）

投野由紀夫ほか（2013）『英語学習者コーパス活用ハンドブック』大修館書店

富田一彦（2006）『7日間で基礎から学びなおすカリスマ先生の英文解釈』PHP研究所

富田一彦（2012a）『試験勉強という名の知的冒険』大和書房

富田一彦（2012b）『キミは何のために勉強するのか——試験勉強とい

う名の知的冒険2』大和書房

中島渉（2014）「日和見主義の政治言説とそのレトリックを探る─ハリファックス、ハーリー、スウィフトと混合政体論」冨樫剛編『名誉革命とイギリス文学─新しい言説空間の誕生』（pp.261-311）春風社

林哲郎（1978）「近代期における英文法概念の発達」『英語学史論考』（pp. 186-220）こびあん書房

平泉渉・渡部昇一（1995）『英語教育大論争』文藝春秋（文春文庫）

古田直肇（2013）「英文法の魅力について─英米大学院留学の体験に基づいて」*Asterisk,* 21 (2), 55-66

古田直肇（2014a）「受験英語擁護論─5文型の教育的妥当性について」*Asterisk,* 23(1), 1-31

古田直肇（2014b）「英語教育の多様性を求む─全体主義に陥らないために」『英語教育』63(10)(2014年12月号), 68-69

古田直肇（2015）「英語は英語で教えるべきなのか─ガイ・クック『言語教育における訳』を読む」*Asterisk,* 23(2), 58-84

細江逸記（1932）『動詞時制の研究』泰文堂

細江逸記（1933）『動詞叙法の研究』泰文堂

細江逸記（1967）『精説英文法汎論』篠崎書林

細江逸記（1971）『英文法汎論』篠崎書林

堀田隆一（2011）『英語史で解きほぐす英語の誤解─納得して英語を学ぶために』中央大学出版部

水村美苗（2008）『日本語が滅びるとき─英語の世紀の中で』筑摩書房

宮脇正孝（2012）「5文型の源流を辿る─C. T. Onions, *An Advanced English Syntax* (1904) を越えて」『専修人文論集』90, 437-465

安井稔（1996）『英文法総覧』（改訂版）開拓社

安井稔（2012）「学習英文法への期待」大津由紀雄編『学習英文法を見直したい』（pp. 268-277）研究社

渡部昇一（1965）『英文法史』研究社

渡部昇一（1973）『言語と民族の起源について』大修館書店
渡部昇一（1975）『英語学史』大修館書店
渡部昇一（1976）『知的生活の方法』講談社（講談社現代新書）
渡部昇一（1982）『ことば・文化・教育—アングロ・サクソン文明の周辺』大修館書店
渡部昇一（1983a）『英語の歴史』大修館書店
渡部昇一（1983b）『レトリックの時代』講談社（講談社学術文庫）
渡部昇一（1987）『アングロサクソンと日本人』新潮社（新潮選書）
渡部昇一（1988）『秘術としての文法』講談社（講談社学術文庫）
渡部昇一（1989）『日本史から見た日本人・古代編』祥伝社
渡部昇一（1992）『腐敗の時代』PHP 研究所（PHP 文庫）
渡部昇一（1996）『英文法を撫でる』PHP 研究所（PHP 新書）
渡部昇一（2003）『英文法を知っていますか』文藝春秋（文春新書）
渡部昇一（2008）『自由をいかに守るか—ハイエクを読み直す』PHP 研究所（PHP 新書）
渡部昇一（2012）『ハイエクの大予言』李白社
渡部昇一・松本道弘（1998）『英語の学び方』明泉堂

【著者】古田直肇（ふるた・なおとし）

二〇〇一年、上智大学文学部英文学科卒業。二〇〇二年、英リーズ大学大学院英語科修士課程修了（中世英文学専攻）。二〇〇八年、東京大学大学院総合文化研究科博士後期課程、単位取得満期退学（言語情報専攻）。二〇〇三年から二〇一〇年まで、桐朋女子高等学校音楽科教諭。二〇一二年、米サンフランシスコ州立大学大学院英語科修士課程修了（英語教育専攻）。二〇一三年から、東洋大学経済学部国際経済学科専任講師（現在に至る）。主な関心は、英語史・英文法・英語教育。

英文法は役に立つ！
―― 英語をもっと深く知りたい人のために

2015年4月10日　初版発行

著者　古田直肇 ふるたなおとし

発行者　三浦衛
発行所　春風社　Shumpusha Publishing Co.,Ltd.
　　　　横浜市西区紅葉ヶ丘53　横浜市教育会館3階
　　　　〈電話〉045-261-3168　〈FAX〉045-261-3169
　　　　〈振替〉00200-1-37524
　　　　http://www.shumpu.com　　info@shumpu.com

装丁　江森恵子（クリエイティブ・コンセプト）
印刷・製本　シナノ書籍印刷株式会社

乱丁・落丁本は送料小社負担でお取り替えいたします。
©Naotoshi Furuta. All Rights Reserved. Printed in Japan.
ISBN 978-4-86110-434-3 C0082 ¥2000E